CUADERNO DE EJERCICIOS

Francisca Castro Viúdez
Pilar Díaz Ballesteros
Ignacio Rodero Díez
Carmen Sardinero Francos

Primera edición, 2021
Reimpresión, 2026

Produce: SGEL Libros
Avda. Castilla La Mancha, 2
19171 Cabanillas del Campo (Guadalajara)

© Francisca Castro, Pilar Díaz, Carmen Sardinero, Ignacio Rodero
© SGEL Libros, S. L.
  Avda. Castilla La Mancha, 2, 19171 Cabanillas del Campo (Guadalajara)

Coordinación editorial: Jaime Corpas
Edición: Mise García
Redacción actividades vídeos: Anna Méndez
Diseño de cubierta e interior: Leticia Delgado
Fotografía de cubierta: Shutterstock
Corrección: Paula Queraltó
Maquetación: Leticia Delgado
Ilustraciones: Maravillas Delgado (págs. 9, 30, 34, 44, 45)
y Pablo Torrecilla (pág. 18).
Fotografías: Shutterstock, de las cuales, solo para uso de contenido editorial: pág.35, ej. 6 (Martyn Jandula / Shutterstock.com), ej. 8 (GiuseppeCrimeni / Shutterstock.com); pág. 39 (Botond Horvath / Shutterstock.com) pág. 41 (Giannis Papanikos / Shutterstock.com), pág. 43 (1997: Featureflash Photo Agency / Shutterstock.com, 2007: Denis Makarenko / Shutterstock.com, 2017: Beatriz Zambrana / Shutterstock.com), pág. 46 (Anna LoFi / Shutterstock.com), pág. 48 (Page Light Studios / Shutterstock.com), pág. 55 Guggenheim (Iakov Filimonov / shutterstock.com), pág. 61 Montevideo (byvalet / Shutterstock.com).

Impresión: Gómez Aparicio Grupo Gráfico

ISBN: 978-84-17730-40-6

Depósito Legal: M-16439-2021

Printed in Spain – Impreso en España

Cualquier forma de reproducción, distribución, comunicación pública o transformación de esta obra solo puede ser realizada con la autorización de sus titulares, salvo excepción prevista por la ley. Diríjase a CEDRO (Centro Español de Derechos Reprográficos) si necesita fotocopiar o escanear algún fragmento de esta obra (www.conlicencia.com; 91 702 19 70 / 93 272 04 47)

CONTENIDOS

Unidad 1 *Saludos*   4
Unidad 2 *Familias*   8
PRACTICA MÁS 1   12
PROCESOS Y ESTRATEGIAS 1   14

Unidad 3 *El trabajo*   16
Unidad 4 *La casa*   20
PRACTICA MÁS 2   24
PROCESOS Y ESTRATEGIAS 2   26

Unidad 5 *Comer*   28
Unidad 6 *El barrio*   32
PRACTICA MÁS 3   36
PROCESOS Y ESTRATEGIAS 3   38

Unidad 7 *Salir con los amigos*   40
Unidad 8 *De vacaciones*   44
PRACTICA MÁS 4   48
PROCESOS Y ESTRATEGIAS 4   50

Unidad 9 *Compras*   52
Unidad 10 *Salud y enfermedad*   56
PRACTICA MÁS 5   60
PROCESOS Y ESTRATEGIAS 5   62

ACTIVIDADES VÍDEOS   64
TRANSCRIPCIONES   78
SOLUCIONES   82
VOCABULARIO   91

1 Saludos

A ¡ENCANTADO!

1 Relaciona.

1. ¡Hola!, ¿qué tal?
2. ¿De dónde eres?
3. ¿Cómo te llamas?
4. Este es Rubén.
5. Mucho gusto.
6. ¿Eres español?

a. Encantado.
b. Soy japonesa.
c. Me llamo Mayumi.
d. Bien, ¿y tú?
e. ¡Hola!, Rubén, ¿qué tal?
f. No, soy cubano.

2 Escribe las preguntas.

1. A ¿De dónde eres?
   B Soy andaluz.
2. A ¡Hola!, ¿............................?
   B Bien, ¿y usted?
3. A ¿............................?
   B No, soy mexicana.
4. A ¿............................?
   B Soy francesa.
5. A ¿............................?
   B Renate, ¿y tú?

3 Completa la tabla.

TÚ	USTED
¿Cómo te llamas?	¿Cómo se llama?
....	¿De dónde es usted?
¿Cómo estás?	....

4 Completa los diálogos con los elementos del recuadro.

soy • eres • cómo • y tú

1. A Hola, ¿**cómo** te llamas?
   B Anil, ¿y tú?
   A Safiya.
   B ¿............................ francesa?
   A No, ... nigeriana. ¿............................?
   B Yo soy paquistaní.

pero • en • esta • gracias • dónde

2. Pablo: María, mira, **esta** es Susanne.
   María: Hola, Susanne, ¿qué tal?
   Susanne: Bien, ...
   María: ¿De .... eres?
   Susanne: Soy francesa, ... ahora vivo .... Madrid.

presento • gracias • buenos • encantado

3. Susana: Buenos días, Sr. López.
   Sr. López: .... días, Susana.
   Susana: Mire, le .... a la nueva directora, Julia Linares.
   Sr. López: .... de conocerla.
   Julia: ...., igualmente.

5 Completa la tabla.

PAÍS	NACIONALIDAD	
	masculino	femenino
Francia	francés	francesa
Portugal		portuguesa
Marruecos		marroquí
Brasil	brasileño	
		peruana
Canadá	canadiense	
	alemán	
Polonia	polaco	
Bielorrusia		bielorrusa
	irlandés	
México		

6 Escribe los nombres que se deletrean. Cinco son apellidos y cinco son ciudades.

1 Ese – a – ene – ce – hache – e – zeta
   Sánchez
2 Erre – o – de – erre – i – ge – u – e – zeta
   ....
3 Zeta – o – erre – erre – i – elle – a
   ....
4 Eme – a – erre – te – i – ene – e – zeta
   ....
5 Hache – u – e – erre – te – a
   ....
6 Be – o – ge – o – te – a
   ....
7 Uve – a – ele – e – ene – ce – i – a
   ....
8 Uve – a – erre – ese – o – uve – i – a
   ....
9 Te – u – ene – e – zeta
   ....
10 A – ene – ka – a – erre – a
   ....

B ¿A QUÉ TE DEDICAS?

1 Busca en esta sopa de letras los nombres de ocho profesionales.

```
P E L U Q U E R A B
R T Y Ñ P O U J K Ñ
O Z C A L T E R O L
F M E T A X I S T A
E C R A B O G A D A
S V M P D O S M O A
O R E R A M A C L C
R E D T V U B W M T
A Y I O U D L U Q R
P O C T R I M W D I
Z Q A T B C M N R Z
A R V X L A P G F D
C I E N T I F I C A
```

2 Forma frases, como en el modelo.

1 Él / llamar por teléfono / todos los días.
   Él llama por teléfono todos los días.
2 Rosa / tener / tres hijos.
   ......
3 Ignacio / hablar / inglés y francés.
   ......
4 Nosotros / comer / en casa los domingos.
   ......
5 ¿Usted / hablar / ruso?
   ......
6 ¿Vosotros / vivir / en España?
   ......
7 Ellos / vivir / en París.
   ......
8 Layla / estudiar / en la universidad.
   ......
9 Yo / no trabajar / ni estudiar.
   ......
10 ¿Usted / trabajar / aquí?
   ......

3 Completa la tabla.

SER	TENER
soy	tengo
	tienes
somos	
son	

4 Completa las frases con *tener* o *ser*.

1 Elena **tiene** dos hijos.
2 Roberto .... de Buenos Aires.
3 ¿De dónde .... Jorge y Claudia?
4 A ¿.............. ustedes americanos?
   B No, ... ingleses.
5 Yo .... un novio español.
6 Mi amiga Gisela .... brasileña.
7 A ¿.............. novio (vosotras)?
   B Ella sí, pero yo no ....
8 A ¿Tú .... peruana?
   B No, ... boliviana.
9 A Julia .... mi hermana, ... profesora.
   B Yo también .... profesora.
10 Mi hija .... una casa en Mallorca.
11 A (Nosotros) .... argentinos. Y vosotros, ¿de dónde ....?
    B .... chilenos.
12 A ¿(Tú) .... hijos?
    B No, no .... hijos.

5 Forma frases tomando un elemento de cada columna.

Luis y yo	habla	Derecho
Renate	trabajo	traductora
Yo	estudiamos	madrileños
Ángel y Rosa	es	cuatro idiomas
	tienen	en un restaurante
	somos	dos hijos
		cocineros

C ¿CUÁL ES TU NÚMERO DE MÓVIL?

1 Relaciona los números con su transcripción en letras.

a 934 694 325
b 608 541 275
c 956 439 803
d 963 352 041
e 972 376 921
f 608 342 105

1 nueve, cinco, seis; cuatro, tres, nueve; ocho, cero, tres.
2 nueve, seis, tres; tres, cinco, dos; cero, cuatro, uno.
3 seis, cero, ocho; tres, cuatro, dos; uno, cero, cinco.
4 nueve, tres, cuatro; seis, nueve, cuatro; tres, dos, cinco.
5 nueve, siete, dos; tres, siete, seis; nueve, dos, uno.
6 seis, cero, ocho; cinco, cuatro, uno; dos, siete, cinco.

2 Escribe los números de teléfono.

a 913 567 826
   nueve, uno, tres; cinco, seis, siete; ocho, dos, seis.

b 925 073 941

c 626 254 685

d 620 654 392

e 953 981 856

3 Completa.

once		trece
		dieciséis
		diecinueve

4 🔊 ¹ Escucha y completa las fichas.

NOMBRE: Manuel
APELLIDOS:
NACIONALIDAD:
PROFESIÓN:
CIUDAD: TEL.:
CORREO ELECTRÓNICO: manuel.romero@gmail.com

NOMBRE: Isabel
APELLIDOS:
NACIONALIDAD:
PROFESIÓN:
CIUDAD: TEL.:
CORREO ELECTRÓNICO:

5 Completa la tarjeta con tus datos.

NOMBRE:
APELLIDOS:
NACIONALIDAD:
PROFESIÓN:
CIUDAD: TEL.:
CORREO ELECTRÓNICO:

6 Completa las frases con la información correspondiente a las fichas.

NOMBRE: José
APELLIDOS: Martínez López
TRABAJO: secretario
DOMICILIO: Sevilla
NACIONALIDAD: española

NOMBRE: Noelia
APELLIDOS: Montoro Ruiz
TRABAJO: pianista
DOMICILIO: Cáceres
NACIONALIDAD: cubana

1 Se llama José Martínez .... Es .... en Sevilla y es ....
2 .... Noelia .... Es .... en Cáceres y es ....

7 Completa con los verbos del recuadro. Cada uno se repite varias veces.

> llamarse • estudiar • vivir • ser
> tener • trabajar • hablar • estar

A

Hola, (1) **me llamo** Antonio Rodríguez, (2) .... taxista. (3) .... con mi familia en Toledo. Estoy casado y (4) .... un hijo de quince años. Mi mujer (5) .... Susana y (6) .... peluquera, (7) .... en una peluquería cerca de nuestra casa. Mi hijo (8) .... en el instituto, (9) .... un buen estudiante. En mi casa (10) .... también mi madre, tiene 68 años y (11) .... viuda. Ella nos ayuda en el trabajo de la casa.

B

Yo (12) .... Luisa y (13) .... enfermera. (14) .... andaluza, pero (15) .... en Tarragona. (16) .... en un hospital. (17) .... soltera, pero tengo una familia muy grande. Mis hermanos y mis padres (18) .... en Barcelona.

C

Mira esta foto, (19) .... Javier, mi novio. (20) .... 23 años y (21) .... informático, (22) .... en una empresa de ordenadores. (23) .... inglés y francés, (24) .... muy inteligente.

8 🔊 ² Escucha y comprueba.

2 Familias

A ¿ESTÁS CASADO?

1 Relaciona.

1. ¿Tienes hermanos?
2. ¿Estás casada?
3. ¿Cuántos hijos tienen ustedes?
4. ¿Cómo se llama tu madre?
5. ¿Estás casado o soltero?
6. ¿Tienes abuelos?
7. ¿De dónde es tu padre?
8. ¿Cuántos años tiene tu madre?
9. ¿Dónde vives?
10. ¿Dónde trabaja tu padre?

a. No, estoy soltera.
b. Rocío.
c. Yo estoy casado, ¿y tú?
d. Sí, una abuela.
e. Dos, un niño y una niña.
f. Sí, uno mayor que yo.
g. Cincuenta.
h. Es de Córdoba.
i. En un apartamento en Madrid.
j. En un restaurante.

2 Completa la descripción de las familias con el verbo *ser*, *tener* o *llamarse*.

LAURA

Yo vivo con mi familia. Mi padre (1) .... Jaime y (2) .... abogado. Mi madre, Paloma, (3) ....45 años y (4) .... bibliotecaria. Mi hermano Víctor (5) ....estudiante, (6) .... mayor que yo, (7) .... 20 años.
Además (8) .... dos hermanas pequeñas. (9) .... Elena y Estrella. (10) .... muy simpáticas.

PABLO

Yo vivo en Madrid y mi familia en un pueblo. (1) ....dos hermanas, María (2) .... la mayor, (3) .... 21 años y estudia Medicina. Isabel (4) .... la menor, (5) .... 18 años y estudia en el instituto. Las dos (6) .... muchos amigos. Mi madre (7) .... Rosa, (8) .... médica y mi padre (9) .... Francisco y (10) ....economista.

3 Mira el árbol genealógico y completa las frases.

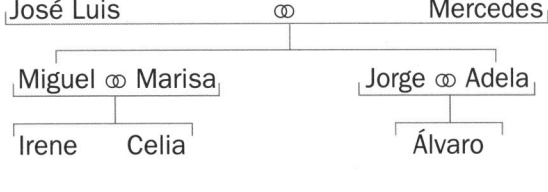

Celia: Mercedes es mi <u>abuela.</u>
Marisa: Miguel es mi ....
Mercedes: Jorge es mi ....
Irene: Jorge es mi ....
Irene: Marisa es mi ....
Miguel: Marisa es mi ....
Álvaro: José Luis es mi ....
Celia: Miguel y Marisa son mis ....
Álvaro: José Luis y Mercedes son mis ....
Adela: Celia es mi ....

4 Escribe el plural.

1. Juan es colombiano.
   <u>Rosa y María son colombianas.</u>
2. Mi padre es profesor.
   Mis padres ....
3. Yo tengo un gato.
   Nosotros ....
4. Él está casado.
   Ellos ....
5. Este hotel es caro.
   Estos ....
6. ¿Tu compañero es español?
   ¿Tus ....?
7. Este chico es estudiante.
   Estos ....
8. ¿Tu bolígrafo es nuevo?
   ¿.............. ?
9. La ventana está abierta.
   ....
10. Esta es la amiga de mi hermana.
    ....

B ¿DÓNDE ESTÁN MIS GAFAS?

1 Encuentra el nombre de los objetos en la sopa de letras.

2 Esta es la clase de idiomas, pero el profesor no está. Responde a las preguntas con ayuda de las preposiciones del recuadro.

> al lado de (x 2) • encima de (x 3) • debajo de • entre • detrás • delante • en

1 ¿Dónde están Laura, María y Jorge?
   Laura, María y Jorge están **al lado de** la ventana.
2 ¿Dónde están los libros?
   Los libros están .... la mesa.
3 ¿Dónde está Jorge?
   Jorge está .... Laura y María.
4 ¿Dónde está la mochila de Laura?
   La mochila de Laura está .... la silla.
5 ¿Dónde está el cuaderno?
   El cuaderno está .... la silla.
6 ¿Dónde está Laura?
   Está .... de la ventana.
7 ¿Dónde está el balón?
   El balón está .... de la silla.
8 ¿Dónde está el mapa?
   El mapa está .... la pared.
9 ¿Dónde está el ordenador?
   El ordenador está .... la mesa.
10 ¿Dónde está el ratón?
   El ratón está .... del ordenador.

3 Sigue el modelo.

1 hermano (yo)
Este es mi hermano.
2 padres (yo)
Estos ....
3 madre (tú)
¿..?
4 tíos (él)
....
5 libros (tú)
....

6 hermanas (yo)
....
7 abuelos (ella)
....
8 teléfono (Ud.)
¿..?
9 móvil (yo)
....
10 coche (ella)
¿..?

C ¿QUÉ HORA ES?

1 Escribe la hora correcta debajo de cada reloj.

....

....

....

....

....

....

....

....

2 Completa.

a 25 *veinticinco.*
b 87 .... y siete.
c 94 noventa ....
d 103 .... tres.
e 115 .... quince.
f 230 doscientos ....
g 321 trescientos ....
h 446 .... cuarenta y seis.
i 535 .... treinta y cinco.
j 1212 mil ....
k 1936 .... treinta y seis.
l 1998 mil novecientos ....
ll 2550 dos mil ....

3 🔊 3 Escucha a esta persona hablar de los horarios de su país y escribe la hora.

Desayuno: Desayunan a las ....
Comida: A las ....
Cena: ....
Los niños empiezan las clases a las ....
Los bancos abren a las .... y cierran a las ....
Las tiendas abren a las .... y cierran a las ....

4 Escribe sobre los horarios en tu país.

En mi país la gente desayuna a las ...., come a las .... y cena a las ....
Los niños empiezan las clases a las ....
Los bancos abren a las .... y cierran a las ....
Las tiendas abren a las .... y cierran a las ....

5 Lee el texto y señala verdadero o falso.

HIJOS ADOPTADOS

Manolo y Nuria son gallegos, viven en Santiago de Compostela. Manolo es administrativo y tiene 36 años. Su mujer, Nuria, tiene 34 años y es peluquera. Tienen dos hijos: Marta y Benito. Pero los hijos no son gallegos, ni españoles. Marta es ecuatoriana, tiene 8 años, y Benito, de 7 años, es colombiano. Los dos son adoptados. Ahora forman una familia feliz.

1. Manolo y Nuria no son españoles. ☐
2. La familia vive en España. ☐
3. Nuria es peluquera. ☐
4. Manolo y Nuria tienen tres hijos. ☐
5. Marta y Benito son hijos adoptados. ☐

6 Ordena las frases.

1. simpática / es / hermana / mi / muy.
   Mi hermana es muy simpática.
2. ¿vives / tus / tú / padres / con?
3. ¿padres / tus / viven / dónde?
4. mayor / hermano / mi / médico / es.
5. marido / alemana / empresa / trabaja / una / en / mi.
6. vive / padres / abuelo / mi / con / mis.
7. ¿estudian / hijos / universidad / en / tus / la?

7 🔊 4 Escucha y completa los datos.

	Vuelo	Hora	Puerta de embarque
Lima		7:55	6 C
Santiago	064	12:05	
Buenos Aires	1289		5 B
México	576	18:35	
Roma		23:10	10 A

8 Corrige los errores.

1. Mis padres es italianos.
   Mis padres son italianos.
2. ¿Dónde está mis lápices?
3. Enrique tiene dos reloj.
4. El diccionario está encima de mesa.
5. Mi hermano estudio Medicina.
6. Son la una y cuarto.
7. Esta sofá es muy cómodo.
8. En mi país la gente cena las diez.

9 Completa las frases con las palabras del recuadro.

> tu • sus • este • esta (x 2) • estos • estas
> mi • tus • vuestro • mis

1. **Esta** no es mi mesa.
2. .... hijo tiene un perro.
3. ¿De qué color es .... coche, Juan?
4. ¿Son .... los libros de .... compañeros, Laura?
5. María no vive en casa de .... padres.
6. .... son mis amigas Marta y Nieves.
7. A: Mi mujer y yo tenemos un hijo.
   B: ¿Y cuántos años tiene .... hijo?
8. .... chico no es mi hermano, es mi primo.
9. En .... foto estamos mi hermano y yo con .... padres en la playa.

PRACTICA MÁS 1

UNIDADES 1 Y 2

1 Completa las tablas.

	Trabajar	Comer	Vivir
yo	trabajo	como	vivo
	trabajas		
él			
nosotros			
			vivís
ellos		comen	

Tener	Ser
	soy
tienes	
	somos
tenéis	

2 Completa las frases con uno de los verbos del ejercicio 1.

1 Ángel y Susi <u>tienen</u> dos hijos.
2 Ida .... peruana, ... peluquera y .... en una peluquería.
3 Nosotros .... los domingos en un restaurante chino.
4 **A** ¿Dónde .... usted?
   B En Málaga, ¿y usted?
5 **A** ¿............... hijos?
   B No, estoy soltero.
6 Rosa y Emilio .... profesores y .... en una escuela de idiomas.
7 Julia .... estudiante y .... con sus padres.
8 **A** ¿Dónde .... ustedes?
   B Yo, en un restaurante.
   C Y yo en una empresa de informática.
9 Nosotros no .... hijos.
10 Ellos .... españoles, pero .... en Cuba.
11 Muchos españoles .... entre las dos y las tres de la tarde.

3 Escribe en la columna correspondiente.

silla • ordenador • mapa • sofá • diccionario
libro • móvil • gafas • televisión • mesa
ventana • cuaderno • hotel • chico

MASCULINO	FEMENINO
ordenador	silla

4 Escribe las preguntas.

1 **A** ¿De <u>dónde eres</u>?
   B Soy peruana.
2 **A** ¿... español?
   B No, soy mexicano.
3 **A** ¿Dónde ....?
   B Yo en Valencia.
   C Y yo en Sevilla.
4 **A** ¿A qué ....?
   B Soy administrativo.
5 **A** ¿...?
   B En una empresa de informática.
6 **A** ¿...?
   B Roberto Martínez.
7 **A** ¿... madrileñas?
   B No, somos andaluzas.
8 **A** ¿...?
   B No, estoy soltera.
9 **A** ¿...?
   B Sí, un niño y una niña.

5 Escribe el plural de estos nombres.

1. la mesa — las mesas
2. el reloj — ....
3. el hombre — ....
4. la mujer — ....
5. el paraguas — ....
6. el estudiante — ....
7. la abuela — ....
8. la madre — ....
9. el autobús — ....
10. el móvil — ....
11. la hija — ....

6 Completa con el posesivo adecuado.

1. ¿Cómo se llama **tu** hijo? (tú)
2. ¿Dónde están .... gafas? (yo)
3. ¿De dónde es .... profesora? (tú)
4. ¿Dónde están .... libros? (tú)
5. ¿Dónde están .... hermanas? (usted)
6. ¿Dónde está .... padre? (usted)
7. ¿De dónde es .... novia? (él)
8. ¿Dónde está .... diccionario? (yo)

7 Escribe los números que faltan.

1. diez, ..., doce, ..., catorce, ..., dieciséis, ..., dieciocho, ...
2. veinte, ..., cuarenta, ..., sesenta, ..., ochenta, ...
3. ...., doscientos, ..., cuatrocientos, ..., seiscientos, ..., ochocientos, ..., mil.
4. veinticinco, ..., treinta y uno, ..., treinta y siete, ..., cuarenta y tres, ...

8 En cada frase hay un error. Encuéntralo y corrígelo.

1. ¡Buenas días, señor Martínez!
   Buenos.
2. Me llamo Mary y soy inglés.
   ....
3. Ellos vive en París.
   ....
4. Yo trabaja en un banco.
   ....
5. Mi madre es peluquero.
   ....
6. ¿De dónde sois ustedes.?
   ....
7. Roberto y Ana tiene dos hijos.
   ....
8. Mi compañera está de Brasil.
   ....
9. Nosotras somos italiana.
   ....
10. En mi país la gente comen a las doce.
    ....
11. La reloj de Luis es nuevo.
    ....
12. Esta mapa es de América del Sur.
    ....

trece 13

PROCESOS Y ESTRATEGIAS 1 UNIDADES 1 Y 2

ESCUCHAR

1 🔊 5 En la consulta del médico: escucha la conversación y completa la agenda de la doctora.

9:00	Javier Gómez
	Familia Sánchez
	Susana Martín
	Almudena Pajares
	Señora Hernández
	Emilio Pajares y su hijo

¿Diga?
¿Dígame?
¿Sí?

2 🔊 5 Escucha otra vez y responde a las preguntas.

1 ¿Tiene algún momento libre la doctora por la mañana?
2 ¿Quién va a la farmacia?
3 ¿Hay citas por la tarde?

3 🔊 6 Escucha la conversación entre Raquel y Javier Gómez y completa su ficha.

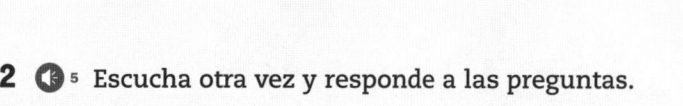

Nombre: **Javier Gómez**
Fecha de nacimiento: ....
Dirección: ....
Teléfono: ....
Correo electrónico: ....@..............

ESTRATEGIAS

Para la comprensión oral:

1 Es más fácil cuando conozco antes el contexto: leo atentamente las instrucciones e imagino mentalmente la situación.

2 Escucho sin ponerme nervioso/a. No importa si hay palabras que no entiendo.

3 Intento entender la idea general sobre lo que escucho. Anoto algunas palabras para recordarla mejor.

4 Intento entender los datos concretos: horas, lugares, etc. Anoto estos datos sin dejar de escuchar.

ESCRIBIR

4 ¿Recuerdas a Pablo? Lee la descripción de su familia.

PABLO

Yo vivo en Madrid y mi familia en un pueblo. Tengo dos hermanas, María es la mayor y estudia Medicina. Isabel es la menor, tiene 18 años y estudia en el instituto. Las dos tienen muchos amigos.
Mi madre se llama Rosa, es médica, y mi padre se llama Francisco y es economista.

Fíjate en el ejercicio anterior y completa el cuadro. ¿Cuándo usamos mayúsculas (Y, M, T) y minúsculas (y, m, t)?

1. Al principio de cada texto: *Yo.*
2. Detrás de un punto (.): *Tengo*, _____, _____ y _____.
3. Con los nombres propios: *Madrid,* _____, _____, _____ y _____.
4. Con los nombres de asignaturas o carreras universitarias: *Medicina.*

5 Lee este texto y corrige los errores (mayúsculas y puntuación).

yo me llamo carmen, ~~yo~~* vivo en Toledo con mi familia. ~~Yo~~* tengo un hermano y una hermana, Mi hermano se llama Juan, ~~Juan~~* tiene 12 años y ~~él~~ es estudiante. Mi hermana se llama teresa, ~~ella~~ tiene 20 años y ~~ella~~ trabaja en un restaurante.
mis padres se llaman carlos y Mª Ángeles los dos trabajan en el Ayuntamiento de toledo. Todos nosotros vivimos en una casa grande a las afueras de la ciudad.

* En español no repetimos el sujeto de la oración.

PUNTUACIÓN

Punto y aparte - punto y seguido - coma

- En el texto de Pablo hay dos párrafos:
  1 *Yo vivo en Madrid (...) tienen muchos amigos.*
  Idea = Pablo habla de él y de sus hermanas.
  2 *Mi madre se llama Rosa (...) y es economista.*
  Idea = Pablo habla de sus padres.

> una idea = un párrafo
> Los párrafos se separan con un **punto y aparte** (.)

- En el primer párrafo hay varias informaciones dentro de la misma idea:
  1 *Pablo habla de dónde viven él y su familia.*
  2 *Pablo dice que tiene dos hermanas.*
  3 *Pablo habla de su hermana María.*
  4 *Pablo habla de su hermana Isabel.*
  5 *Pablo dice que las dos tienen muchos amigos.*

> La idea de cada párrafo puede ampliarse con información variada. Cada información diferente se separa con un **punto y seguido** (.)

- Podemos dar información más detallada dentro de cada idea:
  Isabel es la menor, tiene 18 años y estudia en el instituto.

> Usamos la **coma** (,) para dar información más detallada dentro de una idea. Se usa también para enumerar. Utilizamos *y* para la última palabra de la enumeración:
>
> *En mi clase hay un ordenador, un mapa, una mesa grande y muchas mesas pequeñas para los alumnos.*

6 Escribe un texto sobre ti y sobre tu familia.

Primero escribe sobre ti y después sobre cómo se llaman las personas de tu familia, quiénes son, cuántos años tienen, a qué se dedican y dónde viven.

Me llamo...

3 El trabajo

A ROSA SE LEVANTA A LAS SIETE

1 Forma frases.

1 María / bañarse / por la mañana.
   María se baña por la mañana.
2 Jorge / levantarse / muy tarde.
   ....
3 ¿Tú / acostarse / antes de las doce?
   ¿..?
4 Mi novio no / afeitarse / todos los días.
   ....
5 Clarita / peinarse / sola.
   ....
6 Yo / acostarse / antes que mi mujer.
   ....
7 Mis padres / levantarse / temprano.
   ....
8 Peter / sentarse / en la última fila.
   ....

2 Completa con la preposición adecuada.

> a (al) • de • desde • hasta • en • por

1 El lunes próximo vuelvo **a** mi país.
2 La farmacia está abierta .... las diez .... la mañana .... las ocho .... la tarde.
3 Rebeca sale .... casa .... las ocho.
4 Yo voy .... trabajar .... metro y vuelvo .... casa andando.
5 ¿............... qué hora te levantas?
6 Los bancos abren .... ocho .... tres.
7 Los sábados .... la mañana voy .... gimnasio.
8 Raúl y Luisa vuelven .... las vacaciones mañana.
9 En esta escuela hay clases .... la mañana y .... la tarde.
10 Yo trabajo .... casa.
11 Mi hermano trabaja .... un restaurante .... la noche.
12 Normalmente, voy .... instituto .... autobús.

3 Relaciona.

1 ir — c
2 dormir
3 abrir
4 entrar
5 acostarse
6 empezar

a despertarse
b salir
c volver
d terminar
e levantarse
f cerrar

4 Completa la tabla.

Acostarse	Volver	Ir
me acuesto		
te	vuelves	
se		va
	volvemos	
os acostáis		
		van

5 Busca en la sopa de letras estas formas verbales.

> ir, yo • cerrar, ella • empezar, nosotros
> salir, yo • venir, vosotros • cerrar, yo
> venir, yo • empezar, usted • salir, ellos

C	E	M	P	E	Z	A	M	O	S
I	W	R	V	O	Y	Ñ	E	M	A
E	C	I	E	R	R	A	M	H	L
R	V	E	N	G	O	B	P	X	G
R	M	Q	I	Z	M	Ñ	I	K	O
O	U	Z	S	S	A	L	E	N	C
Z	W	R	T	M	B	O	Z	Q	L
V	B	R	E	T	U	M	A	X	L

16 dieciséis

6 Completa con el verbo en presente.

1. A Hola, María, ¿de dónde (venir) **vienes**?
   B (venir) .... de comprar unos regalos y (ir) .... ahora mismo al supermercado, que (cerrar) .... a las nueve.
2. A ¿(ir, nosotros) .... mañana a la playa?
   B Si (acostarse, nosotros) .... pronto hoy, sí.
3. A ¿A qué hora (empezar) .... la película?
   B A las doce, pero yo (acostarse) .... ya, estoy muy cansada.
4. A Es tarde, ¿(volver, nosotros) .... a casa?
   B Sí, ¿(ir, nosotros) .... en metro o en taxi?
5. ¿Tú (levantarse) .... muy temprano?

B ¿ESTUDIAS O TRABAJAS?

1 Une estas fichas correctamente y encontrarás los días de la semana.

LU SÁ NES CO BA
GO MIN DO NES JUE VIER
MIÉR TES MAR VES LES DO

1. LU............
2. ....
3. ....
4. ....
5. ....
6. ....
7. ....

2 Relaciona las imágenes con las profesiones.

1. músico ☐
2. conductor ☐
3. policía ☐
4. pintor ☐
5. estudiante ☐
6. camarero ☐
7. enfermera ☐

3 Relaciona.

1. músico
2. estudiante
3. camarero/a
4. enfermero/a
5. dependiente
6. azafata
7. secretario/a

a. oficina
b. aeropuerto
c. orquesta
d. restaurante
e. universidad
f. hospital
g. supermercado

4 Escribe algunas frases sobre estas personas. Utiliza el vocabulario del ejercicio anterior.

1. Paloma es azafata y trabaja en ....
2. Celia es dependienta y ....
3. Ana y Luisa .... enfermeras y ....
4. Mi hermana .... y .... una oficina.
5. Jaime y Pedro .... restaurante.

3

5 Nuria vive en Granada con su hija. Mira los dibujos y escribe frases sobre su vida. Utiliza los verbos del recuadro.

> ir a nadar • ducharse • leer • cenar • trabajar • llevar al colegio
> desayunar • recoger • levantarse

 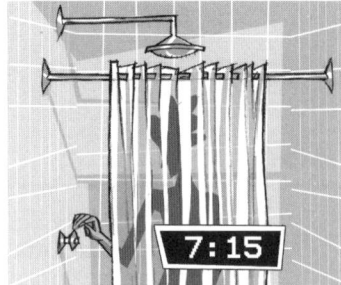 

1. Nuria <u>se levanta</u> a las siete.
2. Nuria ....
3. Nuria .... con su hija a las siete y media.
4. .... a la niña a las ocho.
5. .... en el colegio desde las nueve hasta las cinco.
6. .... a su hija a las cinco y media.
7. .... a la piscina a las seis.
8. .... con su hija a las ocho.
9. .... un libro antes de dormirse.

6 ¿Cómo cambia la rutina de Nuria los fines de semana? ¿Qué crees que hace los domingos? Escríbelo.

....
....
....

7 Completa el texto con las palabras del recuadro.

> soy • muy • trabajo • porque • salgo • fines
> el • cine • y • semanas • cantantes • de

Hola, me llamo Paula y soy <u>de</u> Madrid. Tengo 28 años y .... periodista. .... en la redacción de la revista *Clarita*. Mi trabajo es .... interesante .... conozco a mucha gente: artistas, políticos, ... … Todas las .... hago un reportaje .... una entrevista.
Los .... de semana .... con mis amigos. El sábado vamos a bailar y .... domingo, al ....

C QUÉ DESAYUNAS?

1 🔊 7 Cuatro personas están en una cafetería. Escucha y completa qué desayuna cada una. ¿Qué toman?

A
Él quiere .... y una tostada. Y ella quiere .... y una tostada con ....

B
Él toma .... de queso y .... con ....

C
Ella quiere .... una magdalena y un ....

2 Relaciona las palabras de la columna de la izquierda con las de la derecha. Hay más de una posibilidad.

1	zumo	a	con tomate y aceite
2	pan	b	de jamón
3	café	c	con leche
4	aceite	d	de oliva
5	bocadillo	e	con limón
6	té	f	con mantequilla
		g	de queso
		h	de frutas

3 Responde a las siguientes preguntas:

1 ¿A qué hora desayunas?
....

2 ¿Qué desayunas normalmente?
....

3 ¿A qué hora comes normalmente? ¿Y los domingos?
....

4 ¿Tomas café después de comer?
....

5 ¿Meriendas? ¿Qué meriendas?
....

6 ¿A qué hora cenas?
....

4 Completa con g o gu.

1 ....itarra
2 para....ayo
3 re....alo
4 ....oma
5 Uru....ay
6 cole....io
7 ....erra
8 domin....o
9 pa....ar
10 Norue....a

4 La casa

A ¿DÓNDE VIVES?

1 Mira las fotos y escribe debajo en qué lugar de la casa están. En el recuadro tienes el lugar de la casa donde tienes que situarlo.

> dormitorio • ~~cocina~~ • comedor • jardín • salón • garaje • cuarto de baño

1 cocina
2 ....
3 ....
4 ....
5 ....
6 ....
7 ....
8 ....

2 ¿En qué piso vive cada persona?

1 Doña Matilde en el 1.º izda.
   En el primero izquierda.
2 Don Federico en el 4.º dcha.
   ....
3 Juan y Manuel en el 3.º C.
   ....
4 Mi hermana en el 2.º izda.
   ....
5 La señora González en el 10.º dcha.
   ....
6 El señor Vergara en el 1.º dcha.
   ....

3 Lee el anuncio de "Venta de pisos" y completa las frases.

1 El piso de General Ricardos tiene dos habitaciones y un .... completo. La .... está amueblada.
2 Los .... del piso de Salamanca tienen mucha luz.
3 La única casa que tiene .... es la de Urgel.
4 Por 250 000 euros tenemos un piso en Chamartín con un .... pequeño.
5 El apartamento de Pirámides tiene un gran ....

Venta de pisos

- General Ricardos: 2 dormitorios, cocina amueblada, baño completo: 190 000 €.
- Salamanca: 90 m², 3 dormitorios, muy luminoso: 450 000 €.
- Urgel: 70 m², 2 dormitorios, garaje, cerca del metro: 180 000 €.
- Chamartín: 3 dormitorios, planta baja, pequeño jardín: 250 000 €.
- Pirámides: apartamento, 60 m², 1 dormitorio, salón muy grande, junto a la estación de cercanías: 200 000 €.

B INTERIORES

1 ¿En qué parte de la casa pueden estar las siguientes cosas? Hay varias opciones.

> sillones • lavabo • lavavajillas
> armarios • espejo • reproductor de música
> mesa • bañera • microondas

SALÓN	COCINA	CUARTO DE BAÑO
	armarios	

2 Completa las frases con el artículo determinado (el / la / los / las).

1 Compro _el_ periódico todas las mañanas.
2 .... casa de Isidro es muy grande.
3 .... amigos de Juan son muy jóvenes.
4 Yo vivo en .... centro de Madrid.
5 Trabajo con .... hermanas de Ángela.
6 .... metro está cerca de .... plaza Mayor.
7 .... comedor de mi casa tiene dos ventanas.
8 ¿Están .... platos en .... lavavajillas?
9 Tengo .... entradas para .... concierto.
10 .... mesa y .... sillas de madera están en .... jardín.

3 Completa las frases con el artículo indeterminado (un / una / unos / unas).

1 Este hotel tiene _una_ piscina estupenda.
2 ¿Trabajas en .... empresa de informática?
3 Este es .... restaurante muy bueno.
4 Tengo .... libros de arte preciosos.
5 Este piso tiene .... cuarto de baño muy grande.
6 Tengo .... pantalones nuevos.
7 Rosa vive en .... chalé adosado.
8 Estudio en .... colegio bilingüe.
9 ¿Quieres .... vaso de leche?
10 ¡Hace .... día estupendo!
11 Al lado de la habitación hay .... cuarto de baño.
12 En la habitación hay .... hombre y .... mujer.
13 En el frutero hay .... naranjas y .... manzana.

4 Completa las frases con el artículo determinado o indeterminado correspondiente.

1 _El_ libro está en mi cartera pero no sé dónde están .... gafas.
2 Cerca de mi casa hay .... mercado.
3 .... pizarra está en .... pared.
4 .... campos de fútbol están al final del parque.
5 Allí está .... tienda de fotografía.
6 Me levanto a .... seis todos los días.
7 Pablo tiene .... coche muy viejo.
8 Cerca de mi casa hay .... estación de autobuses.
9 Jesús es .... marido de .... amiga de mi hermana.

5 Ordena las siguientes frases.

1 dos restaurantes / mi casa / cerca de / hay.
   Cerca de mi casa hay dos restaurantes.
2 Barcelona / el Museo Picasso / está / en.
3 Bilbao / cerca de / está / Santander.
4 hay / mi casa / una estación / junto a.
5 lavabo / espejo / está / encima / del / el.
6 está / ordenador / habitación / el / hermano / la / en / mi / de.
7 ¿banco / aquí / hay / cerca / dónde / de / un?
8 cine / niños / está / los / Andrés / el / con / en

6 Completa las frases con estas palabras.

> hay • está • están • tiene • tienen

1 El dormitorio _está_ al final del pasillo.
2 ¿............... una farmacia por aquí cerca?
3 ¿Dónde .... los servicios, por favor?
4 En la plaza .... un museo.
5 La estantería .... a la derecha de la televisión.
6 ¿............... unos grandes almacenes cerca de tu casa?
7 Mis abuelos .... una casa en el campo.
8 ¿Dónde .... la calle General Ricardos?
9 ¿............... tu madre microondas en la cocina?
10 El espejo .... en el cuarto de baño.

4

7 🔊 8 Escucha a Carmen hablar de su casa y escribe si las frases son verdaderas (V) o falsas (F). Corrige las falsas.

1. La casa de Carmen está en la ciudad. ☐
2. La casa de Carmen es muy bonita. ☐
3. La casa tiene dos cuartos de baño. ☐
4. El comedor tiene chimenea. ☐
5. La cocina está cerca del salón. ☐
6. La casa no tiene garaje. ☐
7. El jardín es pequeño. ☐
8. Tiene muchos árboles y flores. ☐
9. En la casa no hay piscina. ☐

....
....
....
....
....
....
....

8 Completa el texto con las palabras del recuadro.

está • en • dormitorios • quinta • librería • grande • porque • cocina • hay • televisión • el

REPORTAJE

ELENA GARCÍA

Mi piso no es muy (1) __grande__, pero es muy cómodo. (2) .... en un edificio antiguo, (3) .... el centro de Madrid. Mi piso está en la (4) .... planta, pero en mi edificio no (5) .... ascensor. Tiene dos (6) ...., un salón-comedor y un cuarto de baño, la (7) .... y una terraza pequeña con dos plantas.

Mi habitación preferida es (8) .... salón (9) .... es grande y cómodo: hay dos sofás, una (10) ...., un reproductor de música, una mesa, sillas y, lo mejor, una (11) .... con muchos libros.
La cocina es muy pequeña, solo tengo lo necesario.

C VISITA A CÓRDOBA

1 Pon las siguientes frases en un orden lógico.

a Pago la cuenta. ☐
b Doy mis datos personales en la recepción.. ☐
c Paso la noche en el hotel. ☐
d Subo a mi habitación. ☐
e Llego al hotel. ☐
f Desayuno. ☐
g Me marcho del hotel. ☐

2 ¿Qué se dice en estas situaciones?

1 Quieres pasar el próximo fin de semana en un hotel con tu amigo. Telefoneas al hotel. ¿Qué preguntas?
....
2 Quieres saber cuánto cuesta la habitación.
....
3 Quieres saber si el uso de la piscina está incluido en el precio.
....
4 Quieres saber si el IVA está incluido en el precio.
....
5 Quieres saber si se puede pagar con tarjeta de crédito.
....

3 Lee el correo de María y contesta a las preguntas.

1 ¿En qué ciudad está María?
....
2 ¿Qué opina María del hotel?
....
3 ¿Qué instalaciones tiene el hotel?
....
4 ¿Qué otra ciudad piensan visitar?
....

Querido Roberto:

Te escribo desde la habitación de mi hotel en Córdoba. Mis amigos y yo estamos de viaje por Andalucía.
El hotel es estupendo, tiene de todo: restaurante, piscina, pistas de tenis... y unas vistas preciosas.
Mañana vamos de excursión por el barrio judío y visitamos la Mezquita.
Al día siguiente vamos a Sevilla, y el último día tenemos una cena de despedida en el restaurante del hotel.
Nos vemos a la vuelta.
Besos.

María

PRACTICA MÁS 2

UNIDADES 3 Y 4

1 Relaciona.

1. ¿Dónde trabaja Héctor? — **c**
2. ¿A qué hora se levanta María?
3. ¿Por qué te levantas temprano?
4. ¿A qué se dedica Lucía?
5. ¿Qué desayuna David?
6. ¿Qué hacen ustedes después de comer?
7. ¿Veis la tele por la tarde?

a. A las siete.
b. Un café con leche y un bollo.
c. En un hospital.
d. Dormimos la siesta.
e. Porque hago gimnasia antes de desayunar.
f. No, solo por la noche.
g. Es secretaria.

2 Escribe la forma correspondiente.

1. Acostarse, él *se acuesta*.
2. Empezar, yo ....
3. Volver, tú ....
4. Levantarse, yo ....
5. Sentarse, Ud. ....
6. Ir, nosotros ....
7. Venir, yo ....
8. Salir, yo ....
9. Volver, nosotros ....
10. Ir, él ....
11. Empezar, ellos ....
12. Acostarse, yo ....
13. Dormir, ella ....
14. Venir, Ud. ....
15. Sentarse, yo ....
16. Ducharse, ellos ....
17. Volver, yo ....
18. Vivir, vosotros ....
19. Ser, ella ....
20. Despertarse, Uds. ....
21. Desayunar, tú ....
22. Tener, yo ....
23. Comer, nosotros ....
24. Practicar, vosotros ....

3 Completa con el verbo entre paréntesis en la forma adecuada.

La vida de Elena y Alberto

Elena y Alberto (1) *viven* (vivir) en Barcelona. Alberto (2) .... (ser) informático y trabaja en un banco. (3) .... (Levantarse) a las siete de la mañana, (4) .... (desayunar) y (5) .... (salir) de casa a las siete y media. (6) .... (Ir) a su trabajo en metro.
Elena (7) .... (levantarse) a las ocho y (8) .... (empezar) a trabajar a las nueve. (9) .... (Ir) en coche a la oficina porque está lejos de su casa.

Alberto (10) .... (comer) en un restaurante y por la tarde (11) .... (ir) a un gimnasio. Elena (12) .... (salir) de trabajar a las cinco y (13) .... (volver) a casa. Los martes y jueves (14) .... (practicar) yoga. A las nueve y media (15) .... (cenar, ellos) juntos, (16) .... (ver) un poco la tele o (17) .... (leer) y después (18) .... (acostarse).

4 Completa con las preposiciones.

de (x 3) • a (x 4) • en (x 2) • hasta

Raquel se levanta todos los días (1) **a** las ocho (2) .... la mañana. Toma un desayuno rápido y sale (3) .... casa (4) .... las ocho y media. Va a la oficina (5) .... autobús. Solo trabaja media jornada, (6) .... nueve (7) .... tres. Vuelve a casa (8) .... el coche de un compañero. Llega (9) .... las tres y media, come y a las cuatro y media duerme la siesta (10) .... las cinco.

5 Completa las frases con información verdadera sobre ti.

1 Los días laborables yo me levanto .... y desayuno ....
2 A mediodía como en ....
3 Por la tarde ....
4 Ceno a las .... y después ....
5 Normalmente me acuesto ...., pero los fines de semana ....
6 Los sábados me levanto .... y desayuno ....
7 Los domingos ....

6 Relaciona.

1 ¿Cuántos dormitorios tiene tu casa? — **g**
2 ¿Tienes jardín? — ☐
3 ¿Dónde está el ordenador? — ☐
4 ¿En qué piso vives? — ☐
5 ¿Dónde están los niños? — ☐
6 ¿Hay mucha gente en el cine? — ☐
7 ¿Qué estudias? — ☐
8 ¿Tienen habitaciones libres? — ☐

a Sí, delante de la casa.
b En el escritorio.
c Están arriba, jugando.
d Medicina.
e En el tercero izquierda.
f Sí, claro, ¿cuántas necesitas?
g Tres.
h No, hoy no hay mucha.

7 Completa la tabla.

1	el secretario	la secretaria
2		la dependienta
3		la presidenta
4	el recepcionista	
5	el cocinero	
6		la médica
7	el estudiante	
8		la periodista

8 Forma la preguntas.

¿Dónde / hay / está / están…

~~el cuarto de baño?~~ • un supermercado?
la parada del autobús n.º 5?
una silla para sentarme? • la casa de Miguel?
una estación de metro? • los libros de Julia?

¿Dónde está el cuarto de baño?
....
....
....
....
....

9 Completa con las palabras del recuadro.

reserva • habitación • doble • por noche
habitaciones libres • precio

• Hotel Medina. ¿Dígame?
▪ Hola, buenos días, ¿puede decirme si tiene .... para Semana Santa?
• Sí, ¿qué desea, ... o individual?
▪ Dos individuales, si es posible, pero ¿qué .... tienen?
• Son 60 euros .... y por ....
▪ Muy bien, quiero hacer la ....

PROCESOS Y ESTRATEGIAS 2 — UNIDADES 3 Y 4

LEER

1 Lee este texto sobre la vida de una científica española y después contesta a las preguntas.

Carmen García es española, de Cádiz, pero vive en Estocolmo (Suecia) porque allí es más fácil encontrar trabajo para una científica. Ella es bióloga y trabaja en un laboratorio sueco, en un equipo internacional de científicos europeos.

Tiene 29 años, habla inglés y sueco y está muy contenta con su vida actual pero no le gusta el frío ni estar tan lejos de su familia y amigos.

El horario de trabajo en el laboratorio es flexible y eso es importante para ella. Los días laborables trabaja desde las ocho de la mañana hasta las dos de la tarde. Tiene que ir también al trabajo dos tardes a la semana, pero puede decidir el día. Además, uno de los cinco días laborables puede trabajar en casa si quiere.

Carmen prefiere ir al laboratorio de lunes a jueves y quedarse también por la tarde el martes y el miércoles. Los viernes trabaja desde casa.

Vive en un piso grande con dos compañeras del trabajo y un estudiante de Medicina de la Universidad de Estocolmo. El piso tiene cuatro habitaciones, salón, cocina y dos cuartos de baño. Está en la segunda planta y no tiene ascensor.

Los viernes por la mañana Carmen está sola en casa, por eso puede trabajar tranquila en el salón, que es el lugar más luminoso. Se levanta temprano, a las siete y media, se ducha, prepara un zumo de naranja y cereales con leche y empieza a trabajar después de tomar el desayuno. A las once aproximadamente hace un descanso de media hora para tomar un té y luego vuelve al trabajo.

Los días que va al laboratorio se levanta antes, a las seis y media, igual que las dos compañeras que viven en la misma casa. Va al trabajo en bicicleta, como la mayoría de los suecos, y eso también le gusta porque es muy cómodo.

Los sábados por la mañana también se levanta temprano porque sale a hacer deporte, pero después de comer se echa la siesta, como es costumbre en España. Por la tarde va al cine o sale con sus amigos y normalmente cena fuera de casa.

Los domingos son los días más tranquilos. Se despierta más tarde y lee un rato en la cama antes de levantarse. Por la tarde se conecta con amigos o con personas de su familia en Cádiz y por la noche ve una película o una serie con sus compañeros de piso.

a "Trabajo" es una de las palabras clave del texto. Señala qué otras tres palabras son también muy importantes.

bicicleta
Suecia
horario flexible
zumo de naranja
científica

trabajo
España
ascensor
siesta
idiomas

ESTRATEGIAS

Para comprender un texto:
1 Identifico las palabras clave.
2 Identifico las ideas principales.
3 Conecto unas ideas con otras.

Para hacer un resumen:
1 Selecciono las ideas principales.
2 Organizo lo que quiero decir.
3 Escribo un texto con mis propias palabras.

b Piensa en cuáles son las ideas más importantes del texto y completa la tabla.

IDEAS	MUY IMPORTANTE	IMPORTANTE	POCO IMPORTANTE
1 Carmen es una científica española que vive en Suecia.	X		
2 Habla varios idiomas.			
3 Echa de menos a su familia y amigos.			
4 No le gusta el frío de Suecia.			
5 Su horario de trabajo es flexible.			
6 Comparte piso con varias personas.			
7 En su edificio no hay ascensor.			
8 Su salón es luminoso.			
9 Carmen se ducha antes de desayunar.			
10 Sus compañeras de trabajo se levantan a las 6:30.			
11 Va al trabajo en bicicleta.			
12 La mayoría de los suecos va al trabajo en bicicleta.			
13 Habla con su familia y amigos los domingos.			

2 Lee estos resúmenes y señala cuál transmite mejor el contenido del texto.

Carmen García es una científica española que vive en Suecia y trabaja en un laboratorio internacional. Trabaja por la mañana y por la tarde. Los fines de semana se levanta más tarde porque son días más tranquilos. Sale con sus amigos, hace deporte y ve películas o series con sus compañeros de piso. Vive en un piso grande que no tiene ascensor.

Carmen García es una científica española que vive y trabaja en Suecia. Le gusta su trabajo y su vida allí pero no le gusta estar lejos de su familia y amigos, por eso habla con ellos todos los domingos por la tarde. También tiene amigos en Suecia y sale con ellos los sábados.
Su trabajo es cómodo para ella porque tiene un horario flexible y puede ir en bicicleta. Trabaja en un laboratorio porque es una científica española.
Vive en un piso grande compartido, que no tiene ascensor. Los fines de semana hace deporte, sale con sus amigos y ve la televisión con sus compañeros de piso.

Carmen García es una científica española que vive en Suecia y trabaja en un laboratorio con un equipo internacional de científicos europeos. El horario de trabajo es flexible, por eso los viernes trabaja desde casa.
Los fines de semana hace deporte, sale con sus amigos y pasa tiempo en casa con sus compañeros de piso. Los domingos por la tarde se conecta con su familia de Cádiz o sus amigos.

5 Comer

A COMER FUERA DE CASA

1 Mira los dibujos y escribe las comidas favoritas de Amalia y Juan.

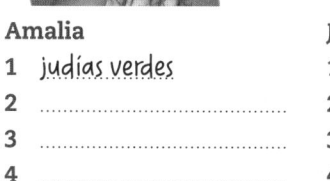

Amalia
1 judías verdes
2 ....
3 ....
4 ....

Juan
1 ....
2 ....
3 ....
4 ....

2 Identifica la palabra que no pertenece a su grupo.

1 sopa, gazpacho, **merluza**, ensalada.
2 escalope, chuletas, pescado, flan.
3 arroz con leche, judías, fruta, helado.
4 espárragos, vino, cerveza, agua.
5 plátano, naranja, manzana, escalope.

3 Ordena las siguientes frases. Después utilízalas para completar la conversación en el restaurante.

1 postre / de / fruta del tiempo / dos / los / para
   De postre, fruta del tiempo para los dos.
2 quiero / de / yo / primero / sopa de fideos
   ....
3 merluza / segundo / quiero / de
   ....
4 ensalada / yo / y
   ....
5 yo / pues / pollo asado
   ....
6 agua / beber / para / por favor
   ....

Camarero: Buenas, ¿qué van a tomar de primero?
Jorge: ....
Ana: ....
Camarero: ¿Y de segundo?
Jorge: ....
Ana: ....
Camarero: ¿Qué quieren para beber?
Jorge: ....
Camarero: ¿Y de postre?
Ana: ....
Camarero: Gracias, señores.

B ¿TE GUSTA EL CINE?

1 Observa las habitaciones de Carmen y de Pablo. ¿Qué actividades les gusta realizar en su tiempo libre?

> jugar al baloncesto • escuchar música clásica • escuchar *rock*
> tocar la guitarra • navegar por internet • hacer fotos • bailar
> hacer deporte • leer • ir al cine • viajar

Carmen

Pablo

1   A Carmen le gusta la música clásica.
2   A Pablo ....
3   A los dos ....
4   ....
5   ....
6   ....
7   ....
8   ....
9   ....
10 ....
11 ....

2 ¿Qué aficiones compartes y no compartes con Pablo y Carmen?

1   A mí ....
2   A mí no ....
3   ....
4   ....
5   ....
6   ....

3 Ordena las siguientes preguntas. Después, contéstalas.

1   ¿a tus amigos / gusta / informática / les / la?
    ¿A tus amigos les gusta la informática?
    Sí, les gusta mucho. / No, no les gusta.

2   ¿ciclismo / a ti y a tu compañero / gusta / os / el?
    ....
    ....

3   ¿animales / te / los / gustan?
    ....
    ....

4   ¿ver / le / televisión / gusta / la / a tu amigo?
    ....
    ....

5   ¿el / terror / gusta / te / cine / de?
    ....
    ....

6   ¿paella / te / la / gusta?
    ....
    ....

veintinueve **29**

5

4 Escribe frases con el verbo *gustar* y expresa tus gustos como en el ejemplo.

1 zumo de naranja
   Me gusta / no me gusta el zumo de naranja.
2 los plátanos
3 las verduras
4 la leche
5 los cacahuetes
6 las patatas
7 el café
8 el té

5 Reacciona según tus gustos con: *a mí también / tampoco* o *a mí sí / no*.

1 Me gusta mucho ir al cine.
2 No me gusta nada la música latina.
3 Me gustan las películas de ciencia-ficción.
4 No me gusta bailar.
5 Me gusta leer libros de viajes.
6 Me gusta ver partidos de fútbol en la tele.
7 No me gusta comer en restaurantes.
8 Me gusta ir de compras.

C RECETA DEL CARIBE

1 Completa la tabla con el imperativo de los verbos.

INFINITIVO	IMPERATIVO	
	TÚ	USTED
Hablar	habla	hable
Trabajar		
Comer		
Abrir		
Beber		
Cortar		
Escribir		
Ordenar		
Limpiar		

ENSALADA MEDITERRÁNEA

Ingredientes
- Una lechuga.
- Dos tomates.
- Una cebolla pequeña.
- Una lata de atún.
- Aceite, vinagre y sal.

2 Completa la receta con el imperativo de los verbos del recuadro.

> añadir ~~lavar~~ servir mezclar cortar

1 *Lava* la lechuga y los tomates.
2 .... las verduras en trozos pequeños.
3 .... el atún a las verduras troceadas.
4 .... el aceite, el vinagre y la sal en una taza.
5 .... la ensalada mezclada con el aliño anterior.

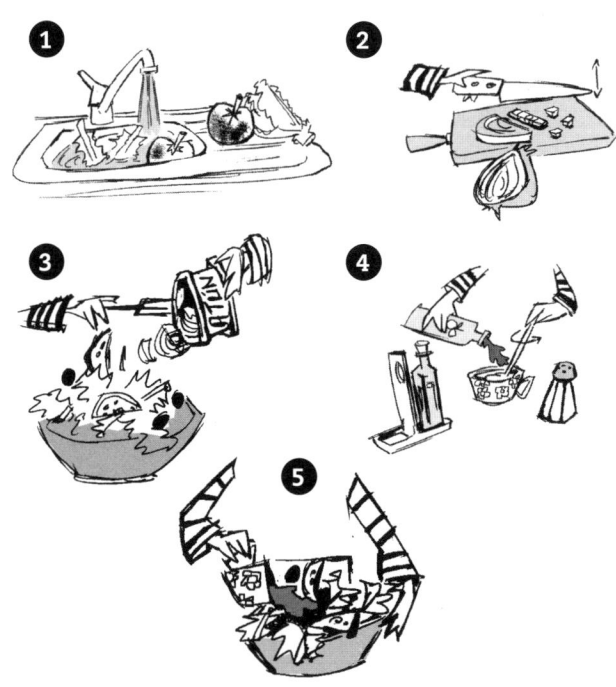

3 Completa las frases con el imperativo de los siguientes verbos entre paréntesis.

CONSEJOS

Aprender a cocinar puede ser fácil y divertido, pero recuerda siempre lo siguiente:

1 <u>Prepara</u> (preparar) todos los ingredientes, antes de empezar.
2 .... (comprar) siempre productos de primera calidad.
3 .... (elaborar) siempre un menú equilibrado.
4 .... (usar) siempre aceite de oliva.
5 .... (añadir) algún detalle imaginativo a tus platos.
6 .... (recoger) bien la cocina, una vez terminado tu trabajo.

4 Clasifica estos platos en la carta del menú.

helado • sopa de fideos • vino blanco • fruta
ensalada mixta • cerveza • merluza a la plancha
escalope de ternera • pollo asado • agua mineral • flan
chuletas de cordero • vino tinto • gazpacho
judías verdes con jamón

RESTAURANTE MIRAMAR *Menú del día 14 €*

Primer plato
....
....

Segundo plato
....
....
....

Postre
....
....

Bebidas
....
....

5 Lee y escucha el siguiente texto y contesta a las preguntas.

LA DIETA MEDITERRÁNEA

¿En qué se basa esta cultura gastronómica? Se basa, principalmente, en el aceite de oliva, el pan y el vino. Con estos productos básicos se alimentan los pueblos mediterráneos desde hace más de cinco mil años.

Los países mediterráneos consumen como grasa principal el aceite de oliva, que favorece la disminución del colesterol. También consumen gran cantidad de pescados azules, legumbres y frutas, y menos carne.

Las primeras investigaciones sobre esta dieta se centran en Grecia y en España, donde se estudian las características de su cocina, sus ingredientes, técnicas de cocción, etc., y se llega a la conclusión de que la dieta de estos países es la ideal para mantener una buena salud.

1 ¿Cuáles son los alimentos básicos de la dieta mediterránea?
2 ¿Desde cuándo utilizan estos alimentos los pueblos mediterráneos?
3 ¿Por qué es bueno para la salud el aceite de oliva?
4 ¿Qué alimentos sustituyen a la carne en la dieta mediterránea?
5 ¿En qué países se basan las primeras investigaciones sobre esta dieta?

6 El barrio

A ¿CÓMO SE VA A GOYA?

1 Completa los diálogos con los verbos del recuadro en el tiempo adecuado.

> cambiar • tomar • ir • bajar

1 **A** Perdona, ¿cómo se <u>va</u> de Moncloa a Goya?
   B Mira, ... la línea 3 en dirección Legazpi, ... en la primera estación, Argüelles, y allí .... a la línea 4.
2 **A** Perdone, ¿cómo se .... de Sol a Nuevos Ministerios?
   B .... la línea 2 en dirección Cuatro Caminos, allí .... a la línea 6, es la primera estación
3 **A** Perdona, ¿cómo se .... de Goya a Argüelles?
   B Es muy fácil, ... la línea 4 y .... en la última estación.

2 Completa con las siguientes preposiciones.

> a (al) • de • en • desde • hasta

1 Las estaciones <u>de</u> metro abren <u>a</u> las seis .... la mañana.
2 No voy al trabajo .... coche, voy .... bicicleta.
3 ¿Cómo se va .... la plaza Mayor?
4 .... Argüelles .... Metropolitano hay tres estaciones.
5 Yo voy .... casa .... trabajo .... metro.
6 Maribel va .... su trabajo .... coche.
7 Luis, ¿puedes venir .... mi oficina, por favor?
8 Mis vecinos salen .... su casa .... las siete.
9 Trabajo .... las siete .... la tarde.
10 .... mi casa .... la oficina tardo una hora.

3 🔊10 Escucha la conversación y señala verdadero (V) o falso (F).

1 Beatriz está en su hotel. ☐
2 Marta trabaja lejos de la plaza de España. ☐
3 Marta espera a Beatriz en su trabajo. ☐

4 🔊10 Escucha otra vez y marca en el plano el recorrido del que están hablando.

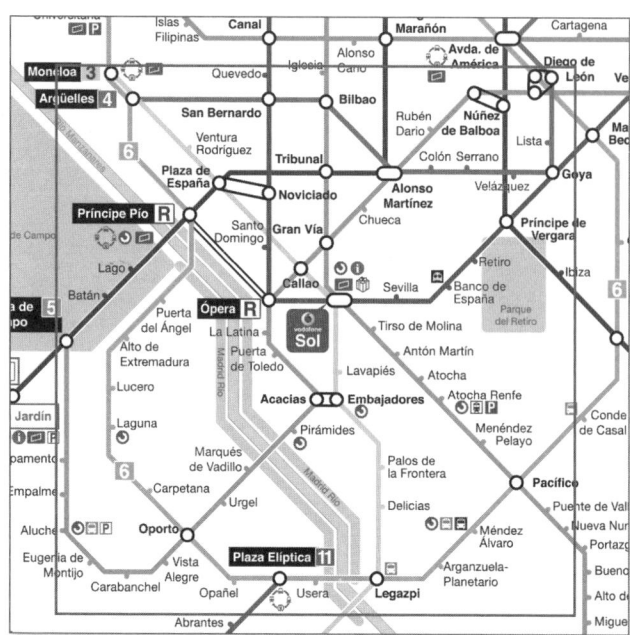

32 treinta y dos

B CIERRA LA VENTANA, POR FAVOR

1 Relaciona.

1. Pon — g la televisión.
2. Habla — a más despacio.
3. Ven — f aquí.
4. Haz — h los ejercicios.
5. Cierra — d la puerta.
6. Pide — b la cuenta.
7. Enciende — c la luz.
8. Recoge — i la mesa.
9. Tuerce — j a la derecha.
10. Sigue — e todo recto.

2 Transforma las frases anteriores.

1. ¿Puedes poner la televisión?
2. ....
3. ....
4. ....
5. ....
6. ....
7. ....
8. ....
9. ....
10. ....

3 Completa la tabla.

INFINITIVO	PRESENTE	IMPERATIVO
cerrar	cierro	cierra
empezar		
encender		
seguir	sigo	sigue
pedir		
guardar	guardo	

4 Forma el imperativo.

1. Cerrar / el libro.
   Cierra el libro.
2. Empezar / a trabajar.
   ....
3. Encender / el ordenador.
   ....
4. Christian / sentarse allí.
   ....
5. Seguir / por aquí (Ud.).
   ....
6. Pedir / dinero / a tus padres.
   ....
7. Acostarse / pronto.
   ....
8. Levantarse ya / son las diez.
   ....
9. Darme / un vaso de agua.
   ....
10. Dejarme / tu coche.
    ....
11. Darme / su pasaporte (Ud.).
    ....

5 Jaime tiene que ordenar la habitación. Escribe las instrucciones que le da su madre.

Guardar la ropa limpia en el armario.
Poner la ropa sucia en la lavadora.
Hacer la cama.
Colocar los libros en la estantería.
Sacar los zapatos a la terraza.

1. Guarda la ropa limpia en el armario.
2. ....
3. ....
4. ....
5. ....

treinta y tres 33

6

C MI BARRIO ES TRANQUILO

1 Escribe la letra adecuada.

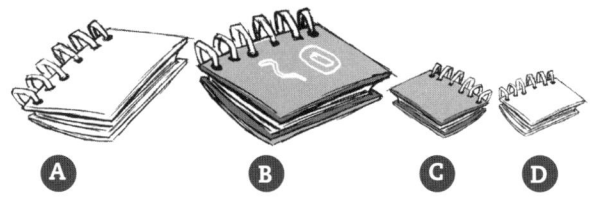

1 Está al lado del cuaderno gris grande y es de otro color. ☐
2 Está a la izquierda de otro cuaderno que también es pequeño. ☐
3 Es grande y está entre un cuaderno grande y uno pequeño. ☐
4 Es blanco y está a la derecha de un cuaderno gris. ☐

2 Completa con *es / está*.

Rosa: ¿Tu piso (1) **es** grande?
Andrés: No, solo tiene 40 m², (2) .... muy pequeño, pero me gusta porque (3) .... en un barrio muy céntrico.
Rosa: ¿(4) .... cerca del trabajo?
Andrés: Sí, muy cerca. Solo tiene un problema: que mi calle (5) .... muy ruidosa y no duermo bien por las noches. ¿Y tu piso, cómo (6) ....?
Rosa: Pues (7) .... muy tranquilo y tiene mucha luz, me encanta. Pero tengo un problema: (8) .... muy lejos del trabajo. Tardo casi una hora en llegar todos los días.

3 Escribe el adjetivo contrario.

1 largo   corto
2 rápido   ....
3 alto   ....
4 grande   ....
5 fácil   ....
6 ruidoso ....
7 barato   ....
8 bonito   ....
9 ancho   ....
10 claro   ....
11 delgado ....

4 De estas frases solo dos son correctas. Busca los errores en las frases incorrectas y corrígelas.

1 Salamanca **está** una ciudad muy bonita, tiene muchos monumentos importantes. **Es.**
2 Mi casa es en un barrio muy tranquilo y silencioso. ....
3 Este problema de matemáticas es muy difícil. ....
4 Roberto está rubio, delgado y bastante alto, está ahora en el colegio. ....
5 Fumar está malo para la salud. ....
6 Esa estación de metro es al lado de mi casa y la parada del autobús está enfrente. ....
7 Los alumnos son en la clase de historia. ....
8 ¿Está cerca de aquí la estación del metro? ....
9 Estos ejercicios no son bien. ....
10 ¿Es tu hermano en tu casa? ....
11 Mi correo electrónico es lleno. ....
12 La taza es vacía. ....
13 Mi hermano es en cama, porque es enfermo. ....
14 Este ejercicio no es bien. ....
15 Este libro está muy bueno. ....
16 Mi barrio es a las afueras de la ciudad. ....

5 Relaciona.

6 Haz la encuesta.

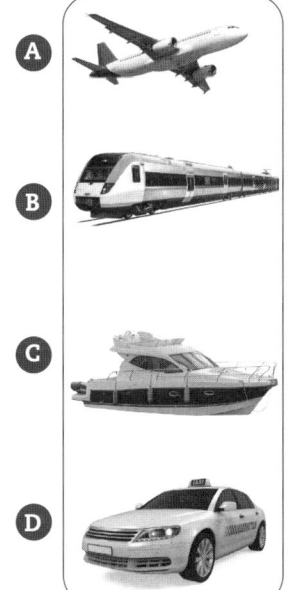

A	tren	puerto
B	avión	aeropuerto
C	barco	parada
D	taxi	estación

1 ¿Qué medio de transporte utilizas normalmente?

ENCUESTA
MEDIOS DE TRANSPORTE

a metro ☐
b autobús ☐
c coche ☐
d otro ☐

2 ¿Cuánto dinero gastas aproximadamente en transporte durante un mes?
a 0-20 € ☐
b 20-50 € ☐
c más de 50 € ☐

3 ¿Qué medio de transporte prefieres para hacer viajes largos?
a avión ☐
b coche ☐
c tren ☐
d barco ☐

4 ¿Crees que el transporte público es…?
a barato ☐
b sucio ☐
c cómodo ☐
d rápido ☐

5 ¿Cuántos kilómetros andas al día aproximadamente?
a 0-1 km ☐
b 2-4 km ☐
c 5-7 km ☐
d más de 7 km ☐

---

7 🔊11 ¿Te gusta la música latina? Escucha estos cuatro ritmos musicales. ¿Puedes relacionarlos con sus nombres?

a tango ....
b ranchera ....
c flamenco ....
d salsa ....

8 Completa el texto con estas palabras.

> ritmos • cultura • cantantes • baila
> salsa • canciones • popular

9 Después de completar el texto, contesta verdadero (V) o falso (F).

1 El tango, la salsa y el flamenco son ritmos típicos de Hispanoamérica. ☐
2 La bachata nace en las ciudades. ☐
3 Las canciones de bachata suelen tratar de amor. ☐
4 La bachata se toca solo con un instrumento. ☐

MÚSICA LATINA

La música es un elemento muy importante de la (1) <u>cultura</u> hispanoamericana. En América se mezclan los (2) .... indígenas con los africanos y con los que llevaron los españoles.

Además del tango, la ranchera o la (3) ...., son famosos el merengue, la cumbia, el bolero y, sobre todo, la bachata, que se (4) .... en la República Dominicana y en muchos otros lugares del mundo. La bachata aparece en los pueblos, pero en los años 70 se hace también muy (5) .... en las ciudades.

Los temas de estas (6) .... hablan casi siempre de amor y se acompañan de instrumentos de cuerda y percusión. Uno de los (7) .... más famosos es Juan Luis Guerra.

PRACTICA MÁS 3

UNIDADES 5 Y 6

1 Busca en esta sopa de letras los diez alimentos que aparecen en las fotos.

P	E	H	U	E	V	O	R	Q
L	I	M	O	N	M	Y	P	U
A	G	U	H	C	E	L	O	E
T	O	M	A	T	E	B	L	S
A	P	A	T	A	T	A	L	O
N	A	R	A	N	J	A	O	Z
O	P	J	A	M	O	N	R	X

2 Relaciona estos ingredientes con su plato.

1 arroz
2 huevo
3 fideos
4 lechuga
5 tomate
6 patatas
7 leche
8 aceite

a flan
b gazpacho
c tortilla
d ensalada
e sopa
f paella

3 Escribe debajo el nombre de la actividad.

1 ....

2 ....

3 ....

4 ....

5 ....

6 ....

7 ....

8 ....

9 ....

10 ....

4 Mira la tabla y escribe las frases correspondientes.

	ANA	RAÚL
El cine	✓	✓
Ir de compras	✓	✗
La música clásica	✗	✓
Nadar	✗	✓
Leer	✓	✓
Andar	✗	✓
Viajar	✓	✓
Bailar	✓	✓
Internet	✓	✗
Las motos	✗	✗
Las plantas	✗	✓
El fútbol	✗	✓

1 A Ana y a Raúl les gusta el cine.
2 A Ana le gusta ir de compras, pero a Raúl no.
3 ....
4 ....
5 ....
6 ....
7 ....
8 A los dos ....
9 ....
10 ....
11 ....
12 ....

5 ¿Qué verbos son regulares y cuáles irregulares? Escribe el imperativo (tú) de cada uno.

terminar • empezar • hablar • abrir • venir
hacer • mirar • pasar • poner
cerrar • coger • dar • tomar • escribir
sentarse • comer • decir • volver

VERBOS REGULARES	VERBOS IRREGULARES
infinitivo / imperativo	infinitivo / imperativo
terminar / termina	empezar / empieza

6 Escribe otra vez el párrafo siguiente con los adjetivos y adverbios contrarios. Haz los cambios necesarios para que el texto tenga sentido.

> Yo vivo en una ciudad muy grande y ruidosa. Los edificios son muy modernos y altos. Las calles son anchas y hay muchos coches. El piso donde vivo es pequeño, y el alquiler caro, porque está cerca del centro. Hay muchas tiendas, pero son caras para mí.

Yo vivo en una ciudad muy pequeña y ....
....
....
....
....

7 Completa con el verbo *ser* o *estar*.

1 Mi calle **es** ancha y larga.
2 El piso de Enrique no me gusta porque .... pequeño y .... muy lejos del centro.
3 Estos pisos .... demasiado caros.
4 La casa de mi abuela .... en el barrio antiguo de Barcelona.
5 Comer verduras y pescado .... muy bueno para la salud.
6 A Alberto, estos problemas .... mal.
  B Es que .... muy difíciles.
7 A Hola, Alicia, ¿qué tal .... ?
  B Bien, gracias.
8 La parada del autobús .... enfrente de mi casa.
9 Mis vecinos .... de Venezuela.
10 Rodolfo .... en Caracas de vacaciones.

8 Relaciona.

1 ¿Te gusta la carne? ☐
2 ¿Qué quieren de primero? ☐
3 ¿Y de postre? ☐
4 ¿Qué haces los domingos? ☐
5 ¿Puedes venir un momento? ☐
6 Siéntese, por favor. ☐
7 ¿Qué quieren beber? ☐
8 ¿Os gusta el cine? ☐

a Un flan, por favor.
b Voy a bailar.
c Vino tinto y agua.
d A mí sí, pero a él no.
e No mucho, prefiero el pescado.
f Sí, ahora voy.
g Gracias.
h Sopa de pescado y ensalada.

PROCESOS Y ESTRATEGIAS 3 — UNIDADES 5 Y 6

VOCABULARIO

1 Escribe en este mapa de vocabulario los verbos *es*, *está* y *tiene*.

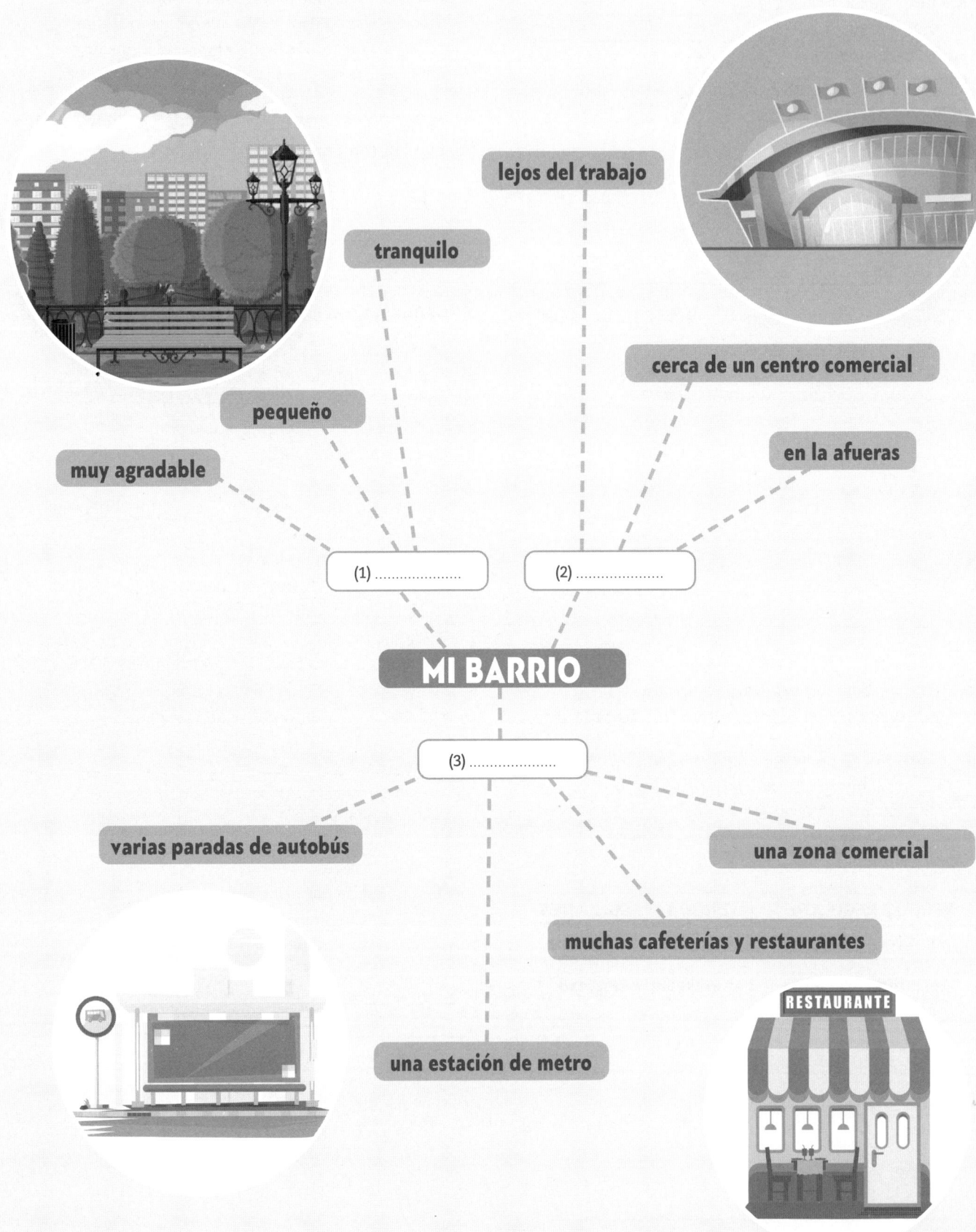

2 Completa el texto con los verbos del recuadro.

es (x 2) • tiene (x 4) • está • están

Gijón (1) es una ciudad situada en el norte de España que forma parte del Camino de Santiago. (2) .... una población de unos 270 000 habitantes.

Me gusta Gijón porque es una ciudad muy interesante en la que puedes hacer muchas cosas. Puedes ir a la playa y bañarte en las aguas del mar Cantábrico, que (3) .... bastante más frías que las del Mediterráneo. También puedes pasear por Cimavilla, el antiguo barrio de pescadores, por el puerto y por el barrio antiguo. Toda la ciudad (4) .... llena de bares y restaurantes donde puedes comer platos exquisitos y probar la sidra, que es una bebida típica asturiana.

Gijón no (5) .... metro, pero sí autobuses que pueden llevarte a la playa y al centro de la ciudad. Tampoco (6) .... aeropuerto, pero está solo a 28 km de Oviedo, que sí tiene aeropuerto y también (7) .... una ciudad turística porque (8) .... muchos lugares interesantes que visitar.

ESCUCHAR

3 🔊 12 Escucha el audio y completa las frases.

1 En mi barrio no hay mucho ....
2 En mi barrio hay metro y ....
3 En la zona comercial hay bancos y .... de ropa.
4 En el centro comercial hay .... y restaurantes.
5 Cerca de mi casa hay un .... Mis hijos estudian allí.

EXPRESIÓN ORAL

4 ¿Cómo es tu barrio?

1 Haz un mapa de vocabulario sobre tu barrio utilizando las palabras que sabes o buscando en el diccionario si es necesario.
2 Organiza la información que quieres decir y practica la pronunciación y entonación de las frases.
3 Graba un audio con tu móvil y escúchalo. Puedes repetirlo varias veces para practicar.
4 Envía el audio a tu profesor o haz la exposición oral en la clase.

Este es mi barrio. Se llama... y está muy cerca del centro de la ciudad...

ESTRATEGIAS

Para aprender vocabulario:
1 Escribo y leo las palabras en voz alta varias veces.
2 Asocio las palabras con una imagen, un sonido o una canción.
3 Pongo las palabras en un contexto.
4 Hago mapas conceptuales: palabras con el mismo significado o significado contrario, etc.

Para desarrollar la expresión oral:
1 Organizo lo que quiero decir: uso un esquema o un mapa de ideas.
2 Practico varias veces para estar tranquilo/a y segura/o.
3 Me grabo para escuchar la pronunciación y entonación.

7 Salir con los amigos

A ¿DÓNDE QUEDAMOS?

1 🔊13 Ordena las siguientes conversaciones. Después escucha y comprueba.

①

María:	¿A qué hora te viene bien?	☐
Ricardo:	De acuerdo. ¡Hasta mañana!	☐
María:	No, mejor a las seis y media.	☐
Ricardo:	Lo siento, hoy no puedo, tengo que ir de compras con mi hermano. ¿Te parece bien mañana?	☐
María:	¿Por qué no vamos a tomar algo después de trabajar?	1
Ricardo:	¿A las seis?	☐

②

Daniel:	¿Y si nos tomamos un café antes?	☐
Carmen:	No puedo, lo siento. Voy a cenar con unos amigos.	☐
Daniel:	¿Vamos al cine esta noche?	☐
Carmen:	Bueno, de acuerdo. ¿Vamos al Café Central?	☐
Daniel:	Estupendo. Nos vemos allí a las cinco.	☐

2 Imagina que eres Ricardo o Carmen. Escribe diferentes razones por las que no puedes quedar para salir.

....
....
....

3 🔊14 Carolina y Pedro están en Radio Centro hablando sobre sus espectáculos favoritos. Escucha sus comentarios y marca verdadero (V) o falso (F).

1 A Pedro le gusta ir a los conciertos de *rock*. ✓
2 A Carolina le gusta la música moderna. ☐
3 No les gusta volver a casa andando. ☐
4 A Pedro le gustan los musicales. ☐
5 A Carolina no le gusta la ópera. ☐
6 A ellos no les gusta ir al cine. ☐

4 Relaciona cada pregunta con su respuesta.

1 ¿Y el domingo? ☐
2 Entonces, ¡hasta el domingo! ¿De acuerdo? ☐
3 ¿A qué hora quedamos? ☐
4 Hola, Enrique, ¿qué tal? ☐
5 Vale. ¿Vamos en mi coche o en el tuyo? ☐
6 Sí, te llamo para preguntarte si vienes este fin de semana a la sierra. ¿Qué te parece el sábado? ☐

a Pues, podemos quedar a las once.
b Hola, Pilar, ¡qué bien que me llamas!
c Podemos ir en el mío.
d No, ese día no puedo. Viene mi hermano a comer a casa.
e De acuerdo, nos vemos el domingo.
f Sí, ese día me viene bien.

5 Ordena el diálogo anterior.

B ¿QUÉ ESTÁS HACIENDO?

1 Completa el texto con la forma correcta del verbo (presente o *estar* + gerundio).

Lola (1) <u>vive</u> (vivir) en Cáceres, pero en este momento (2) .... (pasar) unos días en Valencia con unos amigos. Esta semana Lola y sus amigos (3) .... (visitar) los monumentos más importantes de la ciudad.
Hoy, como hace buen tiempo, sus amigos (4) .... (bañarse) en la playa. Valencia (5) .... (tener) unas playas preciosas, pero a Lola no (6) .... (gustar) la playa. Ella y su amiga Lara (7) .... (ver) una exposición de Joan Miró en el IVAM (Instituto Valenciano de Arte Moderno). Luego, por la noche todos juntos (8) .... (cenar) en algún restaurante del puerto.

2 Subraya la forma apropiada del verbo.

1 Soy vegetariano. No <u>como</u> / estoy comiendo carne.
2 ¿Dónde está Juan? *Hace / Está haciendo* la comida.
3 ¿Qué libro *lees / estás leyendo* últimamente?
4 Todas las mañanas *hago / estoy haciendo* deporte.
5 No te entiendo, no *hablo / estoy hablando* francés.
6 ¿Cuántos años *tienes / estás teniendo*?
7 Lo siento, no puede ponerse en este momento porque *duerme / está durmiendo*.
8 No podemos hablar con él ahora. *Trabaja / Está trabajando* en este momento.
9 Juan no está en la biblioteca. *Estudia / Está estudiando* en casa de una amiga.
10 Normalmente *tomo / estoy tomando* una cena ligera porque no quiero engordar, pero esta noche *celebro / estoy celebrando* mi cumpleaños con unos amigos y por eso *tomamos / estamos tomando* esta tarta de chocolate.

3 Pon las palabras en el orden correcto.

1 para / me / un / preparando / examen / estoy
<u>Me estoy preparando para un examen.</u>
2 ¿haciendo / qué / ahora / estás?
....
3 un / comiendo / bocadillo / están
....
4 haciendo / cena / estamos / la
....
5 está / marido / trabajando / mi
....
6 semana / mucho / esta / lloviendo / está
....
7 están / película / mis / viendo / amigos / una
....
8 estamos / y / Claudia / proyecto / nuevo / yo / trabajando / en / un
....
9 cuarto / bañándose / las / en / niñas / el / están / de / baño / grande
....
10 ¿qué / haciendo / los / están / su / niños / habitación / en?
....

7

4 ¿Qué están haciendo? Utiliza la forma correcta del verbo con el pronombre reflexivo correspondiente.

1. María / lavarse la cara.
   María se está lavando la cara.
2. Luis / afeitarse.
   ....
3. Mi hermano / ducharse.
   ....
4. (yo) / peinarse.
   ....
5. Susana y Rosa / pintarse los labios.
   ....
6. Miguel / bañarse.
   ....
7. Mi hijo / peinarse.
   ....
8. (él) / cepillarse los dientes.
   ....
9. Mi madre / secarse el pelo en el cuarto de baño.
   ....
10. Mis hermanos / vestirse para ir al concierto.
    ....
11. Mis hijas / maquillándose en la habitación.
    ....
12. Los niños / bañarse en la piscina.
    ....

5 Mira el cuadro de *Las meninas*. ¿Qué están haciendo los personajes?

1. Velázquez **está pintando** (pintar).
2. Las meninas .... (jugar) con la princesa.
3. La infanta .... (mirar) al perro.
4. El perro .... (descansar).
5. Los reyes .... (ver) la escena.
6. Un hombre .... (salir) de la habitación.

C ¿CÓMO ES?

1 Describe con las palabras del recuadro, a los siguientes personajes del cuadro.

> pelo largo • pelo rubio • barba
> pelo moreno • bigote • gafas
> joven • jóvenes • mayor • alto

Velázquez ....
....
....

La infanta Margarita ....
....
....

Las meninas ....
....
....

42 cuarenta y dos

2 ¿Son verdaderas (V) o falsas (F) estas frases sobre el cuadro *Las meninas* de Velázquez?

1. El pintor tiene el pelo corto. ☐
2. La infanta lleva gafas. ☐
3. Las meninas son rubias. ☐
4. Una menina es rubia. ☐
5. El pintor tiene barba y bigote. ☐
6. El pintor es calvo. ☐
7. La infanta es alta. ☐

3 Escribe los contrarios.

1. tacaño ....
2. .... hablador
3. simpático ....
4. serio ....
5. .... educado
6. divertido ....

4 🔊15 Escucha el audio y lee el texto. Después contesta verdaderas (V) o falsas (F).

Antonio Banderas

es un actor español muy famoso. Es de Málaga pero vive temporadas fuera de España desde hace bastantes años. Sus amigos dicen que es divertido, simpático, sociable y muy trabajador. Todas estas cualidades son importantes para tener éxito en el cine y también en otros aspectos de la vida. Para Antonio Banderas su profesión es muy importante y además le gusta mucho, por eso dice que para él trabajar es también una forma de divertirse. Su película favorita es *Amarcord*, de Fellini.

Además del cine y el teatro, le gusta mucho leer, tocar el piano y escribir. Su deporte favorito es esquiar, todos los inviernos viaja a algún sitio con nieve para practicar el esquí.

Antonio Banderas es moreno, tiene los ojos marrones y el pelo un poco rizado. No es muy alto, mide 1,74 m. Algunas veces lleva barba y pelo corto. En las fotos normalmente no tiene gafas, pero sí las usa para leer o escribir.

1. Antonio Banderas es alegre pero no le gusta mucho trabajar. ☐
2. A él le gusta salir y estar con sus amigos y familia. ☐
3. Le gusta mucho viajar. ☐
4. Le gusta hacer deporte, sobre todo esquiar. ☐
5. Antonio Banderas tiene los ojos marrones y el pelo muy rizado. ☐
6. Antonio Banderas no lleva gafas nunca. ☐

8 De vacaciones

A POR FAVOR, ¿PARA IR A LA CATEDRAL?

1 Relaciona las preguntas con las respuestas.

1 ¿Para qué vas a correos?   a Para comprar medicinas.
2 ¿Para qué vas a la farmacia?   b Para comprar el periódico.
3 ¿Para qué vas a la estación?   c Para coger el tren.
4 ¿Para qué vas al estanco?   d Para comprar carne y pescado.
5 ¿Para qué vas al mercado?   e Para enviar una carta.
6 ¿Para qué vas al quiosco?   f Para comprar sellos.

2 Mira el plano de la derecha y completa las conversaciones.

1 A Por favor, ¿para ir a la iglesia?
   B Gire la primera a la derecha y después tome la ....

2 A ¿Puede decirme cómo se va a la estación de autobuses, por favor?
   B Siga todo recto y tome .... y después gire por la segunda a la izquierda.

3 A ¿El Hotel Colón, por favor?
   B Siga recto y tome .... y ....

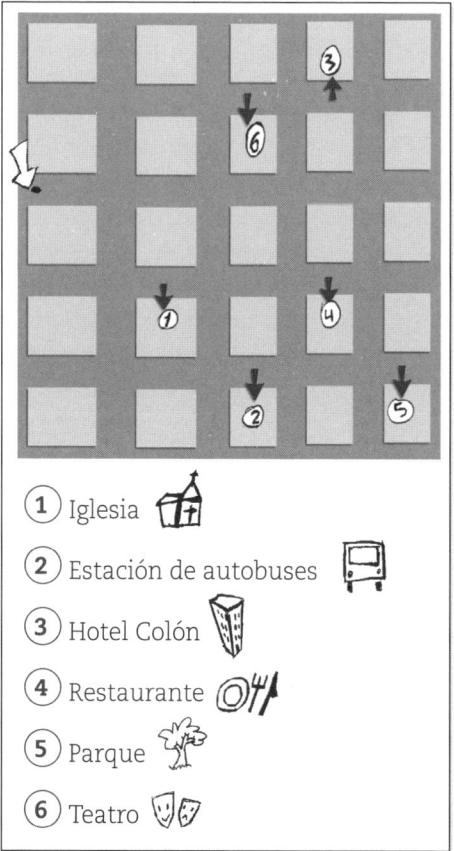

① Iglesia
② Estación de autobuses
③ Hotel Colón
④ Restaurante
⑤ Parque
⑥ Teatro

3 Escribe tres conversaciones más como las del ejercicio 2.

1 A quiere ir a un parque.
   A ....
   B ....
2 A quiere ir al teatro.
   A ....
   B ....
3 A quiere ir a un restaurante.
   A ....
   B ....

4 Completa las frases con las preposiciones del recuadro.

> a (x 4) • en (x 3) • de (x 6) • hasta (x 2)
> al (x 2) • por (x 2) • para

1. Hay una farmacia en la calle Santa Marta.
2. Para encontrar la estación, siga .... el final .... la calle.
3. El cine está .... la derecha del restaurante.
4. La iglesia .... San Juan es un edificio muy bonito.
5. Hay un hotel .... la primera calle .... la izquierda.
6. .... la Puerta del Sol hay una estación .... metro.
7. El mercado está .... lado .... la estación .... tren.
8. ¿Cómo se va .... la plaza Mayor?
9. Vaya .... la calle .... Santo Domingo .... llegar .... cine Avenida.
10. Gire .... la segunda .... la derecha.
11. Perdone, ¿............ ir al Museo del Prado?

5 Lee esta poesía y relaciona los dibujos con los nombres.

a Dama b Caballero c Torre d Balcón e Flor

6 🔊16 Ahora escucha y comprueba.

B ¿QUÉ HIZO ROSA AYER?

1 Completa la tabla.

INFINITIVO	PRETÉRITO INDEFINIDO	
	YO	ÉL / ELLA
ver	vi	vio
ir	fui	
		comió
escuchar		
	leí	
empezar		
	estuve	
	jugué	
salir		
	viví	
nacer		
		trabajó
	viajé	

2 Relaciona las frases. Pon el verbo de A en presente y el de B en pretérito indefinido.

A

1. Normalmente trabajo (trabajar) ocho horas al día, pero — [c]
2. Ana, normalmente, ... (ir) en coche al trabajo, pero
3. Mateo .... (ver) la televisión por las noches, pero
4. Ana y Mateo .... (ir) a la playa los fines de semanas, pero
5. Normalmente .... (llover) mucho en invierno, pero
6. Mateo y yo normalmente .... (ir) de camping en agosto, pero

B

a. el verano pasado .... (estar) en un hotel.
b. el fin de semana pasado .... (jugar) al tenis.
c. ayer empecé (empezar) a las nueve de la mañana y terminé a las nueve de la noche.
d. el año pasado .... (nevar) mucho.
e. ayer .... (ir) en autobús.
f. ayer por la noche .... (escuchar) música.

3 Completa la conversación con el pretérito indefinido de los verbos señalados.

A Ayer fue mi cumpleaños. ¡Ya tengo 30 años!
B Vaya, ¡felicidades! ¿Dónde (1) **estuviste** (estar)?
A (2) .... (ir) a un restaurante italiano con mis amigos.
B ¿Qué (3) .... (comer / vosotros)?
A Todos (4) .... (pedir) pasta.
B ¿Qué tal lo (5) .... (pasar)?
A Nos lo (6) .... (pasar) muy bien y nos (7) .... (reír) mucho. ¿Cuándo es tu cumpleaños?
B (8) .... (ser) ayer.
A ¡Anda! ¡Qué casualidad! ¡Muchas felicidades!
B ¡Gracias!

4 Mira la agenda de Guillermo. Ordena las preguntas y contéstalas.

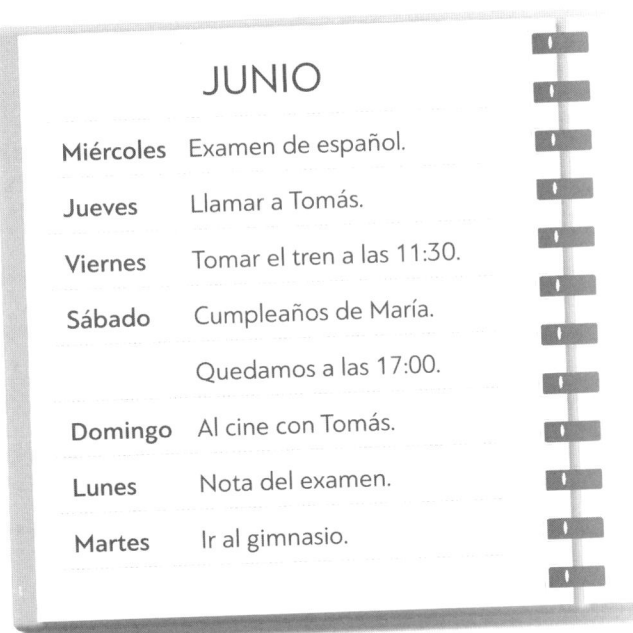

JUNIO

- Miércoles — Examen de español.
- Jueves — Llamar a Tomás.
- Viernes — Tomar el tren a las 11:30.
- Sábado — Cumpleaños de María. Quedamos a las 17:00.
- Domingo — Al cine con Tomás.
- Lunes — Nota del examen.
- Martes — Ir al gimnasio.

1 ¿por / llamó / a / teléfono / quién / jueves / el?
2 ¿tomó / qué / tren / el / día?
3 ¿hora / tren / a / salió / qué / el?
4 ¿fue / el / sábado / de / cumpleaños / quién / el?
5 ¿hora / quedaron / qué / a?
6 ¿fue / el / quién / cine / domingo / al / con?
7 ¿la / examen / nota / cuándo / del / vio?
8 ¿el / adónde / martes / fue?

C ¿QUÉ TIEMPO HACE HOY?

1 🔊17 Completa con las palabras del recuadro. Después, escucha y comprueba.

avión • Más tarde • despedí • río • salieron • estuve • Después • Finalmente • cogí • hice

UN PAÍS MARAVILLOSO

Desde niña, siempre deseé conocer la selva. Este verano (1) **estuve** en Perú, un país maravilloso.
Al día siguiente de mi llegada a Lima, (2) .... un (3) .... a Iquitos, preciosa ciudad tropical, como sacada de una película: los mototaxis, los mercados de fruta, las casas y el (4) .... Amazonas.
(5) .... entramos en la selva, dispuestos a pescar pirañas, bañarme en el Amazonas, comer plátano frito... (6) ...., paramos en un pueblo en medio de la selva. En unos segundos un montón de niños (7) .... de sus casas y me rodearon con sus rostros sonrientes.
(8) ...., me (9) .... unas fotos con ellos y me (10) .... muy contenta de llevarme un recuerdo auténtico del Amazonas.

2 Corrige las frases a partir de la información del texto anterior.

1 Nunca deseé conocer la selva.
　..
2 Al tercer día nos marchamos a Iquitos.
　..
3 En Iquitos vimos el río Paraná.
　..
4 En el Amazonas se pescan tiburones.
　..
5 En la selva no nos bañamos en el río.
　..
6 En el pueblo de la selva conocimos a un grupo de jóvenes.
　..
7 No me llevé ningún recuerdo del Amazonas.
　..
8 No me hice fotos con los niños.
　..

3 ¿Qué tiempo hizo ayer en México, Argentina y Brasil? ¿Y hoy, qué tiempo hace?

	PERÚ	MÉXICO	ARGENTINA	BRASIL
Ayer	viento y lluvia	calor y nublado	frío	nublado y lluvia
Hoy	frío y nieve	lluvia	viento	frío y viento

Ayer en Perú hizo viento y llovió. Hoy hace frío y nieva.

1 ....
2 ....
3 ....

4 Lee la siguiente información de una revista de viajes y contesta a las preguntas.

VIAJE A MÉXICO

Datos básicos
Población: unos 129 millones de habitantes.
Moneda: peso mexicano (1 € = 24 pesos).
Documentación: pasaporte.
Cuándo ir
Los mejores meses del año son de octubre a mayo.
Cómo llegar
Vuelos directos diarios con Iberia y Aeroméxico.
Visitas imprescindibles
Ciudad de México: el Museo Nacional y las pirámides de Teotihuacán.
Oaxaca: ruinas de Monte Albán.
Chiapas: pirámides mayas.
Playas de Cancún.
Información: www.visitmexico.com

1 ¿Cuántos habitantes tiene México?
2 ¿Cuántos pesos mexicanos puedes comprar con 300 €?
3 ¿Qué compañías tienen vuelo directo todos los días desde España?
4 ¿Cuáles son los mejores meses para ir a México?
5 ¿Dónde están las pirámides de Teotihuacán? ¿Y las pirámides mayas?
6 ¿Si vas a México tienes que llevar el bañador? ¿Para qué?

PRACTICA MÁS 4

UNIDADES 7 Y 8

1 Responde con *estar* + gerundio.

1. **A** Hola, Pablo, ¿qué haces?
   B Nada especial, estoy viendo una peli en internet. (ver)

2. **A** ¿Dónde está Javier?
   B En su habitación, ... porque mañana tiene un examen. (estudiar)

3. **A** Luis, ¿tienes café hecho?
   B No, ahora mismo lo .... (hacer)

4. **A** ¿Y tus hijos, a qué ....? (jugar)
   B .... al fútbol en el parque. (jugar)

5. **A** ¿Y tu marido, dónde está?
   B No lo sé, creo que .... el periódico. (leer)

6. **A** ¿Tu madre no viene con nosotras?
   B No puede, ... la comida para todos. (hacer)

7. **A** ¿Y Clara, qué está haciendo? No la oigo.
   B Tranquilo, la niña está bien. .... (dormir)

8. **A** Hola, ¿está Carlos?
   B Sí, pero en este momento .... (ducharse)

2 Completa el texto con el tiempo correcto de los verbos del recuadro (presente o *estar* + gerundio).

> enseñar • estar • hablar • gustar
> ir • comentar • preguntar • ~~comprar~~

Hoy es el cumpleaños de Beatriz, y Amanda (1) está comprando un regalo para ella. Está en una librería y (2) .... con el dependiente. Amanda le (3) .... sobre libros de cine y el dependiente le (4) .... las últimas novedades.
Amanda y Beatriz (5) .... al cine todos los fines de semana. A la salida (6) .... la película. A veces no (7) .... de acuerdo porque a Amanda (8) .... el cine de terror y a Beatriz no.

3 Lee el texto y escribe si las frases siguientes con verdaderas (V) o falsas (F).

LA NOCHE MADRILEÑA

Cerca de la Puerta del Sol nos encontramos con una de las zonas más populares de Madrid: la plaza de Santa Ana y la calle de las Huertas. Barrio de escritores como Cervantes, Lope de Vega o Quevedo, es en la actualidad una zona en la que se pueden encontrar al mismo tiempo teatros, cervecerías, bares de tapas, restaurantes y locales de copas, que están abiertos hasta altas horas de la noche.

Su ambiente es una mezcla de edades y procedencias, y es una buena opción si lo que quieres es disfrutar de la noche madrileña.

La plaza de Santa Ana es el punto de encuentro de gran cantidad de personas que luego se reparten por la calle de las Huertas y alrededores.

1. La Puerta del Sol está en Madrid. ☐
2. El barrio donde vivió Cervantes está cerca de la Puerta del Sol. ☐
3. Cervantes, Lope de Vega y Quevedo no vivieron en la misma ciudad. ☐
4. No hay restaurantes en la calle de las Huertas. ☐
5. En esta zona de Madrid se reúnen personas mayores y jóvenes. ☐
6. La gente queda a menudo en la plaza de Santa Ana. ☐

4 Completa la entrevista con el pretérito indefinido de los verbos entre paréntesis.

Periodista: A usted le (1) tocó (tocar) la lotería el año pasado. ¿Cómo lo (2) .... (celebrar)?
Patricia: Primero (3) .... (llamar) a mi amiga Marisa.
Periodista: ¿Cómo (4) .... (gastar) el dinero?
Patricia: Me (5) .... (ir) de compras y (6) .... (comprar) regalos para todos mis amigos. Y la semana siguiente la (7) .... (pasar) todos en una playa del Caribe.

5 Elige el adjetivo correcto de cada pareja.

> serio/a • alegre
> tacaño/a • generoso/a
> hablador/a • callado/a
> antipático/a • simpático/a
> maleducado/a • educado/a

1 Ricardo gasta muy poco dinero. Nunca invita a sus amigos. Es un ....
2 Nadie quiere ser su amigo. Es muy ....
3 Nunca se ríe. Siempre está ....
4 Manuel nunca saluda por la mañana. Es un ....
5 Pilar no para de hablar. Es muy ....
6 A mi hermana le gusta ayudar a los demás. Es muy ....
7 Siempre cuenta cosas divertidas. Es muy ....
8 Habla muy poco. Es muy ....
9 Alejandro siempre da las gracias. Es un chico muy ....

6 Escribe los contrarios.

1 pelo largo / pelo ....
2 ojos oscuros / ojos ....
3 mayor / ....
4 delgado / ....
5 baja / ....
6 pelo rizado / pelo ....

7 Mira el mapa del tiempo de América del Sur y escribe qué tiempo hace en cada una de las capitales numeradas.

1 En Caracas hace calor.
2 ....
3 ....
4 ....
5 ....
6 ....

8 Encuentra los doce meses del año en esta sopa de letras.

A	M	A	R	Z	O	B	F	C	O
B	A	C	L	I	S	E	D	L	C
N	Y	Z	O	Q	B	A	A	M	T
A	O	R	T	R	A	N	G	J	U
B	P	V	E	N	E	R	O	U	B
R	S	R	I	T	F	U	S	N	R
I	O	S	V	E	X	N	T	I	E
L	N	P	R	D	M	P	O	O	T
D	I	C	I	E	M	B	R	E	F
S	E	P	T	I	E	M	B	R	E
U	A	C	J	U	L	I	O	E	H
N	O	V	I	E	M	B	R	E	O

PROCESOS Y ESTRATEGIAS 4 — UNIDADES 7 Y 8

LEER

1 Lee el texto y contesta a las preguntas.

TIEMPO DE OCIO

¿Cómo es ahora nuestro tiempo de ocio?

El concepto de ocio y el uso del tiempo libre en la sociedad ha evolucionado a lo largo de los años. Ahora se valora más tener tiempo libre y también hay una mayor oferta de actividades para esos momentos. Por esta razón, el ocio es actualmente un objeto de consumo de masas y un elemento económico muy importante.

La industria del ocio

En la actualidad, la industria del ocio es un motor fundamental de la economía, por eso cada vez ofrece más posibilidades, especialmente para los jóvenes. Sin embargo, podemos preguntarnos cómo son esas posibilidades, si realmente permiten o favorecen nuestro desarrollo personal.

Con frecuencia no es así. Muchas de las opciones de ocio actuales están más dirigidas al consumo que al crecimiento personal, que es el objetivo original del tiempo libre: un tiempo donde podemos desarrollar-

nos, hacer lo que nos gusta con las personas que nosotros elegimos..., porque el tiempo libre tiene, especialmente para los más jóvenes, una finalidad educativa y creativa.

Las nuevas tecnologías acercan el ocio a nuestras casas, por eso ya no tenemos que salir de ellas para escuchar música, ver una obra de teatro o un partido de fútbol. Es lo que conocemos como "ciberocio", concepto que se refiere a la televisión, los videojuegos o cualquier tipo de ocio que ofrece internet.

El peligro del "ciberocio" es que, algunas veces, puede sustituir a la vida social, ofreciendo realidades alternativas que convierten a muchas personas en consumidores de ocio pasivo, espectadores del ocio, en lugar de ser protagonistas de su propio ocio.

Texto adaptado de divulgacióndinámica.es

a Marca las cuatro palabras o expresiones clave del texto:

1. Oferta de ocio ✓
2. Economía ☐
3. Partido de fútbol ☐
4. Desarrollo personal ☐
5. Espectáculos ☐
6. Televisión ☐
7. Quedarse en casa ☐

b Escribe un resumen del texto. Sigue estos pasos:

1. Selecciona las ideas principales.
2. Organízalas.
3. Escribe un resumen con tus propias palabras.

2 Observa la imagen de la página siguiente y completa el texto con las palabras del recuadro.

> actividades • frecuencia • habitual
> cantidad • estadística

Según las encuestas, las dos actividades más importantes para los jóvenes y las que hacen con más (1) <u>frecuencia</u> son "Estar con amigos" y "Escuchar música".

También son (2) .... bastante frecuentes "Ir a bares / discotecas" y "Ver la televisión". Un poco menos (3) .... es "Leer" y todavía menos jugar con "Videojuegos".

Lo más curioso de esta (4) .... es que aparece "No hacer nada" como una actividad de ocio, pero podemos comprenderlo por la gran (5) .... de actividades escolares y extraescolares que tienen casi siempre nuestros jóvenes.

PORCENTAJE DE JÓVENES QUE DICEN REALIZAR CADA ACTIVIDAD DE OCIO CON LA MÁXIMA FRECUENCIA

Actividad	%
No hacer nada	~16
Videojuegos	~20
*Hacer botellón	~21
Leer	~24
Hacer deporte	~33
Internet	~40
Ver la televisión	~45
Ir a bares / discotecas	~50
Estar con amigos	~70
Escuchar música / radio	~76

*Hacer botellón: reunión al aire libre de jóvenes para hablar, escuchar música y beber.

divulgacióndinámica.es

3 ¿Cuáles son las actividades de ocio y tiempo libre más frecuentes en los jóvenes de tu país?

1 ....
2 ....
3 ....
4 ....
5 ....

ESCRIBIR

4 Escribe un texto para el "Foro joven y tiempo libre" sobre el ocio de los jóvenes en tu país.

> **FORO JOVEN Y TIEMPO LIBRE**
>
> Queremos conocerte y tener información sobre los temas que importan en todo el mundo. Hoy te preguntamos cómo es el ocio de los jóvenes en tu país.
>
> ¡Gracias por escribirnos!
>
> En mi país la mayoría de los jóvenes…

ESTRATEGIAS

Para desarrollar la expresión escrita:

1 Organizo lo que quiero decir: uso un esquema o un mapa de ideas.
2 Escribo un borrador del texto.
3 Leo el borrador y lo corrijo: mayúsculas / minúsculas, signos de puntuación, errores gramaticales o de vocabulario.
4 Escribo el texto definitivo.

9 Compras

A ¿CUÁNTO CUESTAN ESTOS ZAPATOS?

1 🔊18 Escucha las conversaciones y completa la tabla.

	LA CLIENTA QUIERE COMPRAR...	¿COMPRA? (SÍ / NO)	¿POR QUÉ?
1			
2			
3			

2 Responde a la encuesta sobre hábitos de compra de ropa.

¿CÓMO COMPRAS?

1 ¿En qué tipo de establecimientos compras habitualmente?
- a En tiendas pequeñas.
- b En centros comerciales.
- c En tiendas de marcas conocidas.

2 Normalmente compras en establecimientos que:
- a Están cerca de mi casa.
- b Están en el centro de la ciudad.
- c Están a las afueras de la ciudad.

3 Lo más importante para ti cuando compras es:
- a La calidad.
- b El precio.
- c El diseño.

4 ¿Con qué frecuencia compras por internet?
- a Casi nunca.
- b Todas las semanas.
- c Dos o tres veces al año.

5 ¿Qué compras con más frecuencia en internet? (Puedes marcar varios).
- a Ropa y complementos.
- b Libros y música.
- c Comida.
- d Tecnología.
- e Productos de belleza.
- f Otros: ....

6 ¿Qué método de pago utilizas normalmente cuando compras por internet?
- a Tarjeta.
- b Paypal.
- c Bizum.
- e Otros: ....

7 ¿Qué es lo que más te gusta de comprar por internet?
- a Puedo comprar desde casa.
- b Es fácil encontrar lo que busco.
- c Puedo comparar entre varias tiendas.

8 ¿Qué es lo que menos te gusta de comprar por internet?
- a Los productos pueden llegar en mal estado.
- b Algunas veces no se cumple la fecha de entrega.
- c Es difícil devolver los productos que no te gustan.

3 Haz preguntas como en el ejemplo con los pronombres *la, lo, las, los*.

1. Yo no traigo el diccionario.
   ¿Tú lo traes?
2. Yo no veo esas películas.
   ¿Tú ....?
3. Yo no compro esos libros.
   ¿Tú ....?
4. Yo no conozco a la tía de David.
   ¿Tú ....?
5. Yo no leo el periódico.
   ¿Tú ....?
6. Yo no uso el ordenador de la escuela.
   ¿Tú ....?
7. Yo no utilizo el transporte público.
   ¿Tú ....?

4 Completa las frases con los pronombres del recuadro.

me • te • lo (x 2) • la • os (x 2) • nos • los • las

1. ¿Por qué no **me** escuchas?
2. Allí está María, ¿............ ves?
3. ¿Dónde están mis zapatos? No .... veo.
4. **A** ¿Conoces al profesor nuevo?
   B No, no .... conozco.
5. **A** ¿Dónde están los niños?
   B No .... sé.
6. ¿Venís a la cafetería? Yo .... invito.
7. Isabel, ... (a ti) espero en la puerta del cine.
8. **A** ¿............ (a nosotros) invitas a tu cumpleaños?
   B Sí, ... espero a las siete.
9. **A** ¿Cómo están tus hermanas?
   B Muy bien, ... vi ayer.

B MI NOVIO LLEVA CORBATA

1 Busca el nombre de esta ropa en la sopa de letras.

R	W	J	E	R	S	E	Y	P	O
R	P	O	Y	N	B	N	S	A	Z
E	C	V	B	E	R	T	D	N	M
A	S	C	A	M	I	S	E	T	A
S	O	P	B	F	A	L	D	A	N
I	T	V	M	S	W	C	X	L	X
M	A	X	A	B	R	I	G	O	M
A	P	X	W	E	T	R	Y	N	U
C	A	L	C	E	T	I	N	E	S
B	Z	B	R	E	T	G	H	S	M

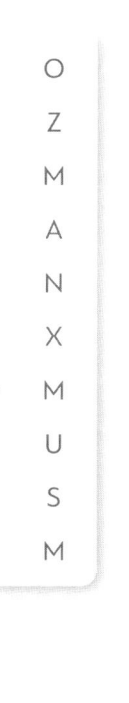

2 Completa.

En el departamento de objetos perdidos de estos grandes almacenes tenemos:

1 un moneder..... marrón,
2 una carpet..... negr.....,
3 unos guantes gris.....,
4 unas gaf..... roj....., muy modern.....,
5 una pelot..... amarill.....,
6 unos bolígrafos azul.....,
7 un paraguas ros.....,
8 unos calcetines verd.....,
9 una bufand..... naranj..... y
10 un móvil negr.....

3 Escribe los adjetivos contrarios.

1 barato ....
2 antiguo ....
3 corto ....
4 cómodo ....
5 sucio ....
6 ancho ....
7 oscuro ....
8 grande ....

4 Completa con las palabras del recuadro.

> vaqueros • gasta • favorito • cómoda • compras • zapatos • elegante • bonitos

Carmen tiene 46 años y es funcionaria, trabaja en el Ministerio de Asuntos Exteriores. No (1) .... mucho dinero en comprar ropa. Suele ir de (2) .... dos veces al año, una antes de las vacaciones de verano y otra al principio del invierno. Le gusta la ropa (3) .... y moderna, no muy formal. Prefiere llevar pantalones (4) ...., camisetas o camisas de algodón y (5) .... muy cómodos. Cuando va a una fiesta o a un sitio especial prefiere algo más (6) ....: un vestido o unos pantalones (7) .... Su color (8) .... es el negro, aunque también le gustan mucho el rojo y el naranja.

C SANTIAGO DE CHILE Y SANTIAGO DE COMPOSTELA

1 Escribe una frase con el mismo significado.

1 Estos vaqueros son más caros que aquellos.
   Aquellos vaqueros son más baratos que estos.
2 Juanjo es mayor que yo.
   ....
3 El coche de Ramón es peor que el de Miguel.
   ....
4 El sillón es más cómodo que la silla.
   ....
5 Lleva la falda más larga que el abrigo.
   ....
6 Raquel tiene menos libros que nosotras.
   ....
7 Mi coche es más viejo que el tuyo.

2 Completa las frases.

1 Est**e** vestido es muy cort.............
2 Es............. clase es pequeñ.............
3 Es............. coches son nuev.............
4 Aquell............. chicas están cansad.............
5 ¿Cuánto cuesta est............. falda roj.............?
6 ¿De quién es est............. libro?
7 A ¿Es............. botas son car.............?
   B Sí, pero mira, aquell............. son más barat.............
8 A Es............. pantalones son muy lar.............
   B Sí, aquell............. son más cort.............
9 Est............. pendientes están rebajad.............
10 Es............. bolso es bonit............. y barat............., pero aquel es car............. y bastante más fe.............

3 Completa este texto utilizando los comparativos del recuadro.

> menos • tan • mayor • mejor • más (x 2)

¿Dónde te gusta ir de vacaciones?

Ángel: Es (1) mejor ir a la playa que a la montaña.
Susana: ¿Por qué? Yo prefiero la montaña, así las vacaciones son (2) .... tranquilas.
Ángel: Sí, en la montaña hay (3) .... gente pero también es mucho (4) .... aburrido. ¿Adónde vas por las noches? ¿Y qué haces durante el día? No hay nada (5) .... relajante como tumbarse un día entero al sol y bañarse en el mar de vez en cuando.
Susana: Dormir poco y tomar mucho el sol es muy malo para la piel. ¿Sabes?, creo que por eso tú pareces mucho (6) .... que yo. Mira, no tengo ni una arruga.

4 ¿Dónde prefieres ir tú de vacaciones? Escribe unas líneas y explica qué razones tienes.

A mí me gusta mucho ir a la playa porque...
Yo prefiero ir a la montaña...

5 Lee el texto y completa los huecos con las palabras del recuadro.

> transporte • barrio • turistas • monumento
> habitantes • economía • internacionales • ciudad

BILBAO: UNA CIUDAD DINÁMICA

La ciudad de **Bilbao**, situada en el norte de España, es la urbe más poblada del País Vasco y la de mayor actividad económica.

Es una ciudad moderna, con una red de (1) transporte que la conecta con las principales capitales europeas. Su puerto se encuentra entre los cinco más importantes de España.

La ciudad de Bilbao recibe muchos (2) .... durante todo el año, tanto por el interés de la ciudad como por la hospitalidad de sus habitantes y la gran oferta gastronómica que se puede disfrutar.

El casco viejo o las siete calles es el (3) .... más antiguo, de origen medieval. Se caracteriza por sus calles estrechas llenas de tiendas modernas y bares o restaurantes tradicionales donde se pueden comer los famosos *pintxos*. La catedral de Santiago es el (4) .... más importante y también el Teatro Arriaga, donde se puede disfrutar de la ópera, la danza y el teatro.

El Museo Guggenheim es obra del arquitecto Frank Gehry. Es una estructura espectacular situada a las orillas de la ría de Bilbao y perfectamente integrada en la (5) .... Desde su inauguración en 1997, el museo ha recibido más de un millón de visitantes al año, convirtiéndose en un elemento fundamental para la (6) .... y la sociedad vascas.

La ciudad ha conseguido varios premios (7) .... de mucho prestigio por la transformación urbanística de las últimas décadas*. En 2018, por ejemplo, fue elegida la Mejor Ciudad Europea en los premios *The Urbanism Awards*.

* década: diez años

10 Salud y enfermedad

A LA SALUD

1 Mira la imagen y escribe el nombre de las distintas partes del cuerpo.

pecho • cuello • pelo • oreja • ojos
cara • hombro • brazo • mano • dedos
rodilla • pie • pierna

1 rodilla
2 ....
3 ....
4 ....
5 ....
6 ....
7 ....
8 ....
9 ....
10 ....
11 ....
12 ....
13 ....

2 Identifica qué palabra no pertenece a su grupo.

1 ojos, dientes, bigote, dedos.
2 hombro, mano, oreja, dedos.
3 rodilla, cara, pierna, pie.
4 pie, cara, cuello, pelo.
5 brazo, mano, dedos, ojos.
6 pecho, hombro, rodilla, cuello.

3 Escribe las respuestas. La número 1 es la palabra vertical.

CRUCIGRAMA

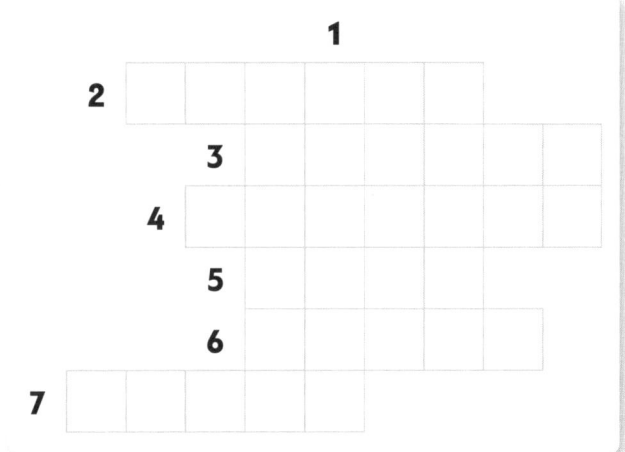

1 Oyes con ellas: ....
2 Te lo puedes afeitar: ....
3 Los usas para abrazar: ....
4 Te los lavas después de comer: ....
5 Los cierras cuando duermes: ....
6 Te las lavas antes de comer: ....
7 En ellos te pones los anillos: ....

4 Ordena la siguiente conversación entre Maite y Alfonso.

Maite: Vaya, eso es porque estás todo el día teletrabajando. ☐
Maite: Tienes que hacer un poco de ejercicio, pasear, salir más a la calle. ☐
Maite: ¿Qué te pasa, Alfonso? ¿Te encuentras mal? [1]
Alfonso: Sí, ahora estoy siempre en el ordenador y casi no salgo de casa. ☐
Alfonso: Ya, pero ahora me duele mucho, casi no puedo moverme. ☐
Maite: ¿Por qué no te acuestas un rato y descansas? ☐
Alfonso: Sí, me duele mucho la espalda. ☐
Alfonso: Vale, creo que es lo mejor. Si mañana sigo igual, llamo al médico. ☐

5 🔊19 Escucha y comprueba.

56 cincuenta y seis

6 Completa las siguientes frases con el verbo *doler*.

1 ¡Baja la música! A papá le duele la cabeza.
2 A Juan y a Carmen .... la espalda.
3 No puedo cenar porque .... el estómago.
4 Mi hermana va mañana al dentista porque .... las muelas.
5 ¿Y a ti qué ....?
6 Hemos caminado mucho y ahora .... las piernas.
7 ¿A vosotros .... los pies?
8 Si a usted .... la garganta, tome este jarabe.

B ANTES SALÍAMOS CON LOS AMIGOS

1 Relaciona las frases y completa con el pretérito imperfecto.

1 Ahora trabajo en una oficina,
2 Ahora vamos al cine,
3 Ahora Juan viene los martes a clase,
4 Ahora compro el periódico,
5 Ahora me gusta la música clásica,
6 Ahora haces la comida,

a antes .... los jueves.
b antes .... la cena.
c antes .... revistas.
d antes trabajaba en un restaurante.
e antes .... el *rock*.
f antes .... al teatro.

2 Completa las frases con el pretérito imperfecto de los verbos del recuadro.

vivir • tener (x 2) • ir (x 2) • trabajar • tocar (x 2)
ser (x 2) • escalar • leer • existir

1 Antes de venir a Madrid, vivíamos en Vigo.
2 Cuando Mercedes .... 14 años, siempre .... en bicicleta.
3 Ahora es recepcionista, antes .... como camarero.
4 Antes .... muy mal la guitarra, ahora tengo un profesor particular y lo hago mejor.
5 Julia y Jorge, cuando .... jóvenes, ... el piano.
6 De pequeño .... a la escuela en el autobús con otros niños.
7 Cuando .... jóvenes, mi marido y yo .... con un grupo de montaña.
8 Antes, mi hijo .... una moto y .... muchas revistas de motociclismo.
9 Hace cincuenta años no .... los teléfonos móviles.

3 Completa la siguiente entrevista con el pretérito imperfecto de los verbos entre paréntesis.

MARCOS CURIEL
cumple 95 años el próximo 14 de noviembre.

Entrevistador: ¿Tiene amigos de su edad?
Marcos: Tengo algunos amigos más jóvenes. (1) Tenía (tener) uno de mi edad, pero murió a los 90 años.
Entrevistador: ¿Es el mundo ahora muy diferente?
Marcos: Todo está muy cambiado. Antes todos nosotros (2) .... (vivir) más tranquilos y ahora la gente corre demasiado.
Entrevistador: Cuando (3) .... (ser) niño no (4) .... (haber) televisión, ni radio…
Marcos: No, nosotros no (5) .... (tener) nada de eso.
Entrevistador: ¿Qué es lo que más recuerda de su infancia?
Marcos: Me acuerdo de cuando yo (6) .... (ir) a ayudar a mi padre. Él (7) .... (ser) barbero y (8) .... (atender) a mucha gente.
Entrevistador: ¿Cuál es el secreto para llegar a los noventa y cinco años?
Marcos: Cuando mi familia y yo (9) .... (vivir) en Trujillo (10) .... (tomar) muchos alimentos naturales, leche recién ordeñada y patatas recogidas del campo.

4 Vuelve a leer la entrevista con Marcos y contesta a las preguntas.

1 ¿Cuántos años tenía su amigo cuando murió?

2 Según Marcos, ¿cómo vivía la gente antes?

3 ¿Qué cosas no tenía Marcos cuando era niño?

4 ¿Dónde vivía Marcos con su familia?

5 ¿En qué trabajaba el padre de Marcos?

6 ¿Qué comían Marcos y su familia?

C VOY A TRABAJAR EN UN HOTEL

1 Relaciona las siguientes preguntas con sus respuestas.

1 ¿Por qué qué vas a estudiar español?
2 ¿Cuándo se va a casar Pedro?
3 ¿Cuántos días van a estar?
4 ¿A qué hora vamos a quedar?
5 ¿Qué carrera vas a estudiar?
6 ¿Adónde vais a ir de viaje de novios?

a A las ocho y media.
b En abril.
c Porque quiero viajar a España.
d A la isla de Fuerteventura.
e Tres o cuatro.
f Medicina.

2 ¿Qué planes tienen los siguientes personajes para el fin de semana?

1 Juan / lavar el coche.
   Juan va a lavar el coche.
2 Yo / llamar a mis amigos.

3 Ana / cenar con Pedro.

4 María y Alberto / pintar su casa.

5 Tomás y yo / arreglar nuestras bicicletas.

6 ¿(Tú) / ir a la piscina?

7 ¿(Vosotros) / venir a comer?

8 ¿Tu hermano / correr la maratón de Atenas?

9 Mis amigos / no ver el partido en casa. (Ellos) / ver en un bar.

10 ¿(Tú) / hacer obra en la cocina?

3 Completa la conversación.

Rosa: ¡Hola, Pablo! Soy Rosa. ¿Qué vas a hacer este sábado?
Pablo: Tenemos un examen el lunes, y Elena (1) .... (venir) a estudiar a mi casa.
Rosa: ¿Y el domingo?
Pablo: El domingo por la mañana Ángel y yo (2) .... (ver) una exposición y por la tarde (3) .... (jugar) a los bolos. ¿Te vienes?
Rosa: El domingo por la mañana yo no (4) .... (poder) porque (5) .... (lavar) el coche, pero nos vemos por la tarde.
Pablo: ¡Estupendo! ¡Hasta el domingo!

4 Relaciona cada país o ciudad con una actividad.

1 Estados Unidos
2 Moscú
3 Egipto
4 España
5 Río de Janeiro
6 Kenia
7 Grecia
8 París
9 Roma
10 Londres

a Escuchar flamenco.
b Visitar las pirámides.
c Pasear por la plaza Roja.
d Bañarse en las playas de Copacabana.
e Hacer fotos a los leones.
f Navegar por el Támesis.
g Volar sobre el Gran Cañón.
h Conocer las islas griegas.
i Conocer el Coliseo.
j Admirar la Gioconda.

5 Escribe qué van a hacer las siguientes personas en sus vacaciones.

1. David / Kenia
   David va a hacer fotos a los leones.
2. Pedro / Estados Unidos
3. Alberto y Pablo / Moscú
4. Yo / Egipto
5. Tú / España
6. Tu novia y tú / Río de Janeiro
7. Nosotros / Grecia
8. Mis padres / París
9. Pablo y María / Roma
10. Tu amigo Pedro / Londres

6 Lee el texto y escribe si las frases son verdaderas (V) o falsas (F).

¡Reforme su casa!

¿Necesita su casa una reforma? Todas las semanas la revista *Su Casa al Día* va a sortear un premio de 10 000 euros entre nuestros lectores para reformar su casa y su mobiliario. Esta semana la ganadora es la señora Ruiz, que nos va a contar sus planes de reforma.

Entrevistadora: ¿Qué va a hacer con el dinero, señora Ruiz?
Sra. Ruiz: Lo primero que voy a hacer es pintar toda la casa. Voy a poner distintos colores en cada habitación.
Entrevistadora: ¿Qué piensa su familia?
Sra. Ruiz: Están todos de acuerdo. Ellos van a elegir el color de cada habitación.
Entrevistadora: ¿Y qué va a hacer con los muebles?
Sra. Ruiz: Voy a cambiar los muebles viejos y también uno o dos electrodomésticos.
Entrevistadora: ¿Va a hacer algo más?
Sra. Ruiz: Si me sobra dinero, vamos a comprar un televisor con una pantalla muy grande, como de cine.
Entrevistadora: Es una idea excelente. ¡Que lo disfruten, señora Ruiz!

1. La señora Ruiz va a recibir una herencia de 10 000 euros. ☐
2. Se va a gastar el dinero en un viaje. ☐
3. Va a pintar las paredes de colores. ☐
4. La familia no está de acuerdo con la reforma. ☐
5. Los hijos van a elegir los colores de las habitaciones. ☐
6. Con el dinero restante van a comprar una televisión. ☐

PRACTICA MÁS 5

UNIDADES 9 Y 10

1 Sustituye el nombre por el pronombre objeto, como en el ejemplo.

1 Dame el libro. / *Dámelo*.
2 El domingo vi el partido por la televisión.
  .... vi con mis amigos.
3 Ayer me compré unos zapatos.
  Me .... compré en mi barrio.
4 Leí las revistas que compraste.
  .... leí ayer por la tarde.
5 Enviaron las cartas a sus familiares.
  .... enviaron por correo urgente.
6 Todos los días llevo corbata.
  .... llevo para trabajar.
7 Me compré unos pantalones cortos.
  .... compré para ir al campo.

2 Elige el adjetivo correcto de cada pareja.

> claro/a • oscuro/a
> moderno/a • antiguo/a
> largo/a • corto/a
> caro/a • barato/a
> ancho/a • estrecho/a
> grande • pequeño/a
> limpio/a • sucio/a

1 Ese niño no sabe andar.
  Es muy *pequeño*.
2 No me lo puedo comprar.
  Es muy ....
3 Esa camisa azul es casi negra.
  Es muy ....
4 No tengo tiempo de limpiar.
  La casa está muy ....
5 La película duró demasiado.
  Fue muy ....
6 El armario tiene más de cien años.
  Es muy ....
7 Mi coche no cabe en ese aparcamiento.
  Es muy ....

3 Elige la opción correcta.

1 Andrés es más alto **que** su hermano.
  a) que   b) más   c) tan
2 Mi coche nuevo es .... que el antiguo.
  a) tan   b) como   c) mejor
3 Las habitaciones de Elena y Rosa son iguales. La habitación de Elena es .... grande como la de Rosa.
  a) tan   b) que   c) más
4 La silla es .... cómoda que el sillón.
  a) tan   b) menos c) menor
5 Elisa es más simpática .... su compañera.
  a) como   b) peor   c) que
6 La mesa de madera no es tan antigua .... la de hierro.
  a) como   b) que   c) menos
7 Luis tiene tres años menos que Nacho. Nacho es .... que Luis. Luis es .... que Nacho.
  a) mayor b) menor c) como
8 Las notas de Carlos son muy malas. Son .... que las de su hermana.
  a) mejor b) peor   c) peores
9 La película del sábado es muy aburrida. Es .... que la de la semana pasada.
  a) mala   b) peor   c) más
10 Juan tiene mucho tiempo libre. Está .... ocupado que yo.
  a) tan   b) menos c) como
11 Esta tienda es muy barata. Tiene .... precios que las otras.
  a) buenos b) malos c) mejores
12 Mi amigo ha ganado la Olimpiada de Matemáticas. Es el ....
  a) más   b) mayor c) mejor
13 Eres .... alumno que yo.
  a) tan   b) mejor c) como

4 Completa las tablas con el pretérito imperfecto de los verbos.

	DIBUJAR	COMER	DECIR
Yo	dibujaba		
Tú		comías	
Él			decía
Nosotros			
Vosotros			
Ellos			

	IR	SER
Yo		
Tú		
Él		
Nosotros		éramos
Vosotros	ibais	
Ellos		

5 Completa las siguientes frases con el pretérito imperfecto de los verbos del recuadro.

> beber • conducir • ir (x 2) • venir • estar
> jugar • ser • tener • montar • salir • vivir

1. Luis y Antonio antes vivían en Alemania.
2. Cuando Juan .... pequeño .... al colegio conmigo.
3. Nosotros antes .... mucho café.
4. Cuando no .... hijos, Elena y Emilio .... mucho con sus amigos.
5. De pequeños mi hermano y yo .... a la playa con nuestros padres.
6. Antes .... muy deprisa, pero ahora voy más tranquilo por la carretera.
7. Cuando nosotros .... en el pueblo, ... en bicicleta.
8. Cuando mi abuelo .... a mi casa, ... conmigo al dominó.

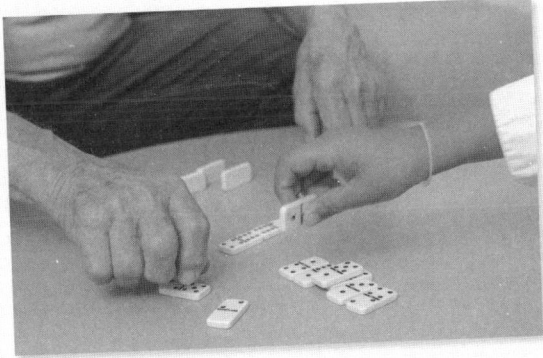

6 Ordena las preguntas y contéstalas mirando los planes de Juanjo para el próximo curso.

> **Mis planes para el próximo curso**
> • Conocer Argentina y Uruguay.
> • Ir al gimnasio martes y jueves.
> • Comprar un coche nuevo.
> • Vacaciones con Nieves y Lucía.
> • Fiesta de cumpleaños (28 de febrero).
> • Tenis con Miguel en la Casa de Campo.
> • Pasar la Semana Santa en Londres.

1. ¿va / Juanjo / a / qué / conocer / países?
   ¿Qué países va a conocer Juanjo?
   Juanjo va a conocer Argentina y Uruguay.
2. ¿a / amigos / al / Juanjo / y / gimnasio / cuándo ir / van / sus?
   ....
3. ¿comprar / va / se / qué / a?
   ....
4. ¿va / pasar / quién / vacaciones / con / a / las?
   ....
5. ¿organizar / qué / va / fiesta / a / una / día?
   ....
6. ¿tenis / a / dónde / jugar / al / van / Juanjo y Miguel?
   ....
7. ¿Semana / va / a / la / Santa / pasar / dónde?
   ....

PROCESOS Y ESTRATEGIAS 5 — UNIDADES 9 Y 10

MEDIACIÓN ESCRITA

Un amigo tuyo te escribe porque va a venir a España para mejorar su nivel de español y necesita tu ayuda porque no sabe dónde estudiar.

Características de tu amigo:

- Tiene 25 años y mucho tiempo libre.
- No conoce España, pero sabe un poco de español.
- Va a llegar a España el próximo mes.

Tú encuentras en internet la información de la página siguiente y decides escribirle.

Completa el correo que escribes a tu amigo con la información sobre los folletos. Recuerda que antes tienes que:

1. Leer los folletos.
2. Seleccionar cuáles son adecuados para tu amigo.
3. Seleccionar la información más importante que vas a transmitir.
4. Completar el texto con tus propias palabras.

¡Hola, John! ¿Qué tal?
Creo que puedo ayudarte a elegir un lugar donde estudiar español porque tengo unos folletos de varias escuelas:
El Centro de Idiomas San Martín, por ejemplo, tiene todos los niveles ....
....
....
....
....

También hay otro que parece muy profesional, se llama ....
....
....
....
....

¿Qué opinas? Seguro que hay una escuela buena para ti. Escríbeme si necesitas más ayuda.

Un saludo.

ESTRATEGIAS

Para hacer una mediación:

1. Conozco bien la información que quiero transmitir.
2. Selecciono la información que es importante para la persona a la que escribo o hablo.
3. Resumo o explico esa información.
4. Escribo o hablo utilizando mis propias palabras.

1

Escuela de Idiomas

Español divertido

✏️ Matricula a tus hijos desde los 4 años: Organizamos talleres especiales, juegos, hacemos excursiones al campo, etc.

Todos los niveles oficiales: A, B y C.

Más información en el teléfono 659876509 o en españoldivertido.es

✿✿✿✿✿

3

Cursos *online*

HABLA ESPAÑOL

CALIDAD – EXPERIENCIA – RESULTADOS

Todos los niveles — Certificados Oficiales del Instituto Cervantes

★

Entra en nuestra web **hablaespañol.es** y haz tu inscripción en menos de 2 minutos.

★

Cursos de septiembre a mayo (puedes inscribirte durante todo el año).

★

Cursos de verano intensivos (junio, julio y agosto).

★

Cursos monográficos de expresión oral y español de los negocios.

★

Todos nuestros cursos son *online*. ¡Estudia desde tu casa!

2

Centro de Idiomas SAN MARTÍN

INGLÉS, FRANCÉS Y ESPAÑOL

CENTRO ESPECIALIZADO EN LA ENSEÑANZA DE IDIOMAS A ADULTOS

✤ Aprende inglés, francés o español de forma práctica y divertida.

✤ Niveles A, B y C.

✤ Expresión oral y escrita.

✤ **¡Grupos nuevos todos los meses!**

¿Cómo puedes estudiar con nosotros?

✢ **Inscríbete** en nuestra página web escuelasanmartin.es

✢ **Haz una prueba** de nivel si ya tienes conocimientos del idioma.

✢ **¡Empieza ya!** Hay grupos nuevos todos los meses.

✢ **Puedes elegir horarios** de mañana y tarde. Tenemos clases todos los días.

¿Dónde estamos?

En el centro de la ciudad.
Autobús circular y metro central.

ACTIVIDADES **VÍDEO 1**

Hola, ¿qué tal?

A ANTES

1 Clasifica las siguientes palabras en la columna correspondiente.

> abogada • amigo • Barcelona • Carmen • Comunicación Audiovisual • Cuernavaca
> Empresariales • española • estudiante • Eva • hermanos • hija • Javier
> Juan • León • Lucía • madre • marido • médico • mexicana • Paulina • Ponferrada
> profesor • Valladolid

NOMBRE	CIUDAD	NACIONALIDAD	PROFESIÓN	ESTUDIOS	RELACIÓN PERSONAL

2 ¿Puedes añadir tres ejemplos más en cada columna?

B DURANTE

3 ¿Quién dice estas frases?

1 Me llamo Carmen. ☒	7 Estudio Comunicación Audiovisual. ☐
2 Me llamo Eva. ☐	8 Soy abogada y trabajo por las mañanas en un despacho. ☐
3 Me llamo Juan. ☐	9 Soy profesor de Literatura en un instituto. ☐
4 Tengo 22 años. ☐	10 Soy de Valladolid, pero vivo en Ponferrada. ☐
5 Tengo 47 años. ☐	11 Vivo en Ponferrada con mi familia. ☐
6 Tengo 49 años. ☐	12 Vivo en Ponferrada, pero soy de León. ☐

4 Eva nos presenta ahora a tres de sus amigos. Completa lo que dice cada uno en el vídeo.

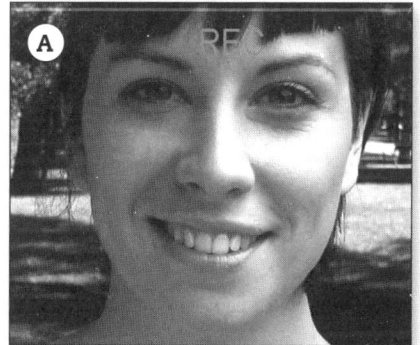

1 Me llamo ....
2 Tengo ....
3 Estudio ....
4 Mi familia es de ....

5 Soy ....
6 Tengo ....
7 Soy de ...., pero ahora vivo en ....

8 Me llamo ....
9 Tengo ....
10 Soy .... en prácticas.

5 ¿De dónde es Javier?

C DESPUÉS

6 ¿Sabes dónde están León, Valladolid, Ponferrada, Barcelona y Cuernavaca? Busca estas ciudades en internet y márcalas en los mapas de las páginas 12 y 13 del libro del alumno.

7 Sigue el modelo de la gente del vídeo y preséntate tú ahora a tus compañeros.

ACTIVIDADES **VÍDEO 2**

Mi familia

A ANTES

1 Utiliza las siguientes sílabas para formar siete palabras relacionadas con la familia.

do	o	pa	lo	tí	ma	ma
pri	hi	bue	a	jo	mos	
ri	dre	her	nos			

1 padre
2 ....
3 ....
4 ....
5 ....
6 ....
7 ....

2 ¿Cuál es el femenino de las formas anteriores?

1 ....
2 ....
3 ....
4 ....
5 ....
6 ....
7 ....

B DURANTE

3 Mira el vídeo y marca si las frases son verdaderas (V) o falsas (F).

	V	F
1 El padre de Eva se llama Juan.	x	
2 Juan tiene 57 años.		
3 El padre de Eva tiene tres hermanos.		
4 Los tíos de Eva se llaman Paco y Pilar.		
5 Paco tiene 52 años.		
6 María es la hermana de Eva.		
7 Eva no tiene primos.		
8 La hermana de Juan tiene 45 años.		
9 Pilar, la tía de Eva, está soltera.		
10 Pepe es otro tío de Eva.		
11 La abuela de Eva se llama Manolita.		
12 Pepe tiene 72 años.		

4 Ahora escribe correctamente las seis frases falsas de la actividad 3.

1 ....
2 ....
3 ....
4 ....
5 ....
6 ....

C DESPUÉS

5 ¿Quién es? Intenta recordar cinco cosas de la familia de Eva. Escribe cinco frases en tu cuaderno como el ejemplo y léeselas a tu compañero. ¿Recuerda a quién se refiere?

- No está casada.
- ¡Pilar! La tía de Eva.
- Sí.

6 "¡Papá! ¡Mamá!" Así es como se dirige Eva a sus padres. ¿Cómo lo haces tú en tu lengua? Coméntalo con tus compañeros.

Yo a mi padre lo llamo.... y a mi madre....

sesenta y seis

ACTIVIDADES VÍDEO 3

Mi rutina

A ANTES

1 ¿En qué momento del día sueles realizar estas acciones? Clasifícalas en la columna correspondiente.

cenar • comer • correr • desayunar • ducharse • escribir e-mails • estudiar • ir en autobús
leer en la cama • levantarte • tener clase • ver las noticias • ver una película • volver a casa

POR LA MAÑANA	A MEDIODÍA	POR LA TARDE	POR LA NOCHE	NUNCA

B DURANTE

2 Mira el vídeo en el que Eva nos cuenta cómo es un día normal en su vida y escribe a qué hora hace cada cosa.

1 .... se levanta.
2 .... desayuna.
3 .... sale de casa.
4 .... empieza las clases en la universidad.
5 .... corre en el parque.
6 .... vuelve a casa.
7 .... ve las noticias.
8 .... se acuesta.

3 Vuelve a ver el vídeo y completa estas frases.

1 Siempre desayuno ...., ..., y ....
2 Voy a la facultad ....
3 Solo .... de nueve a dos.
4 A las dos, cuando acaban las clases, ...
5 Después de comer, ...
6 Vuelvo a casa ....
7 Después de descansar un rato, me siento al ordenador .... o .... hasta la hora de cenar.
8 En mi casa ...., a las ocho y media. .... veo las noticias en la tele con mis padres. A veces, vemos una película o un programa de televisión.

C DESPUÉS

4 ¿Cómo te parece el día de Eva?

aburrido   interesante   cansado   tranquilo   normal

5 ¿Cómo es un día normal en la vida de un estudiante universitario en tu país? ¿Qué diferencias hay con el día de Eva? Coméntalo con tus compañeros.

ACTIVIDADES VÍDEO 4

Una casa especial

A ANTES

1 ¿En qué partes de la casa están normalmente estos muebles y objetos? En parejas, clasificadlos en la columna correspondiente.

- alfombra
- bañera
- cama
- chimenea
- cocina
- cojines
- equipo de música
- espejo
- fregadero
- horno
- lámpara
- lavabo
- lavadora
- lavavajillas
- librería
- macetas
- mesa
- microondas
- nevera
- piscina
- sillas
- sillón
- sofá
- televisión
- vitrocerámica

DORMITORIO	SALÓN-COMEDOR	COCINA	CUARTO DE BAÑO	JARDÍN

- Normalmente hay alfombras en el salón y en el dormitorio.
- Sí, y también en el cuarto de baño, ¿no? Alfombras pequeñas.
- Sí, es verdad.

2 Esta es la casa de José Ángel, un amigo de Eva. Escribe los nombres del recuadro en el lugar correspondiente.

balcón • buhardilla • jardín • planta baja • primera planta

B DURANTE

3 Mira el vídeo en el que un amigo de Eva, José Ángel, nos enseña su casa. Marca qué cosas ves.

PRIMER PISO	SEGUNDO PISO	PLANTA BAJA	JARDÍN
bañera ☐	alfombra ☐	bañera ☐	camas ☐
camas ☐	cama ☐	camas ☐	maceta ☐
espejo ☐	chimenea ☐	chimenea ☐	mesa ☐
fregadero ☐	lámpara ☐	horno ☐	piscina ☐
lámpara ☐	lavabo ☐	lavabo ☐	sillas ☐
mesa ☐	mesa ☐	lavadora ☐	
nevera ☐	nevera ☐	librería ☐	
sillas ☐	televisión ☐	nevera ☐	

4 Vuelve a ver el vídeo, ahora con sonido, y elige la respuesta correcta.

1. La casa es de arquitectura...
   ☐ **a** moderna.
   ☐ **b** tradicional.

2. En el primer piso hay...
   ☐ **a** un gran garaje.
   ☐ **b** un gran balcón.

3. En la primera planta hay...
   ☐ **a** un salón, dos habitaciones y dos baños.
   ☐ **b** un salón, una habitación y un baño grande.

4. El salón de la primera planta es...
   ☐ **a** pequeño y oscuro.
   ☐ **b** grande y luminoso.

5. La habitación de matrimonio tiene las paredes de...
   ☐ **a** madera.
   ☐ **b** piedra.

6. La habitación más grande es...
   ☐ **a** la de matrimonio.
   ☐ **b** la buhardilla.

7. La chimenea está...
   ☐ **a** en la planta de abajo.
   ☐ **b** en la planta de arriba.

C DESPUÉS

5 ¿Qué te parece la casa de José Ángel? Coméntalo con tus compañeros.

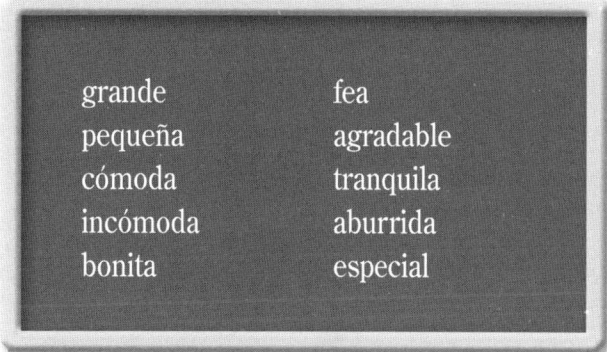

grande
pequeña
cómoda
incómoda
bonita
fea
agradable
tranquila
aburrida
especial

■ Es una casa bonita, pero un poco aburrida, ¿no? No tiene piscina y en un pueblo, normalmente no hay cines, ni restaurantes...

6 ¿En tu país existen alojamientos turísticos parecidos? Coméntalo con tus compañeros.

ACTIVIDADES VÍDEO 5

Mi receta de gazpacho

A ANTES

1 Aquí tienes algunos alimentos muy utilizados en la cocina española e hispanoamericana. ¿Sabes cómo se llaman? Escribe el nombre debajo de cada uno.

aceite	arroz	patatas	pimientos	vinagre
aguacate	cebollas	pepino	piña	sal
ajo	pan	huevos	pescado	tomates

1 .... 2 .... 3 .... 4 .... 5 ....

6 .... 7 .... 8 .... 9 .... 10 ....

11 .... 12 .... 13 .... 14 .... 15 ....

2 ¿Te gustan todos los alimentos anteriores? Coméntalo con tu compañero.

■ Me gustan mucho los tomates.
● A mí también. Y a ti, ¿te gusta el ajo? A mí no.

B DURANTE

3 Eva nos va a enseñar a preparar gazpacho. Mira el vídeo y marca cuáles de los alimentos anteriores utiliza ella en su receta de gazpacho.

4 ¿Qué utensilios de cocina necesitamos?

Un __u__ __i__ __o y una __a__i__o__a.

5 Toma nota de las cantidades que necesitamos para cuatro personas.

_____ de tomates.
_____ pepino.
_____ pimiento pequeño.
_____ cebolla.
_____ de ajo.
Un poco de pan.
_____ de aceite.
_____ de vinagre.
_____ de sal.

6 Completa ahora los pasos de la receta con los elementos de la columna de la derecha.

1 Quita	a un pepino.
2 Pela	b un poco de sal, un vaso de aceite y dos cucharadas de vinagre.
3 Pela	c el pimiento.
4 Corta	d todos los ingredientes.
5 Pela	e el pan del agua.
6 Saca	f la piel a los tomates.
7 Añade	g la cebolla.
8 Bate	h un diente de ajo.

7 Eva añade un ingrediente equivocado, ¿cuál es?

....

C DESPUÉS

8 ¿Qué alimentos pelas normalmente? ¿Cuáles cortas? ¿Cuáles sueles batir?

PELAR	CORTAR	BATIR
cebolla	pan	huevos

9 Piensa en otros platos que has conocido en esta unidad. Tu compañero te va a hacer preguntas para adivinar qué es. Tú solo puedes responder *sí* o *no*.

10 Entre las comidas de tu país, ¿hay alguna sopa fría?, ¿se toma alguna fruta caliente o frita?, ¿hay algún postre con arroz? Coméntalo con tus compañeros.

■ En Inglaterra, hay un postre...

ACTIVIDADES VÍDEO 6

Un paseo por mi ciudad

A ANTES

1 ¿Cómo es el lugar donde vives? ¿Se pueden identificar estas partes?

- [ ] casco histórico
- [ ] urbanizaciones en las afueras
- [ ] zona nueva

■ Yo vivo en una ciudad pequeña bastante moderna, no tiene casco histórico.

2 Relaciona los nombres de los monumentos con las siguientes imágenes.

basílica • castillo • muralla • torre

1 .... 2 .... 3 .... 4 ....

B DURANTE

3 Vamos a acompañar a Eva en un paseo por Ponferrada. Marca en qué orden se ven estos lugares.

a Basílica de Nuestra Señora de la Encina ☐
b Camino de Santiago ☐
c Castillo Templario ☐
d Muralla del castillo ☐
e Museo de la Radio ☐
f Oficina de turismo ☐
g Plaza del Ayuntamiento ☐
h Torre del Reloj ☐
i Urbanización de chalés ☐

4 Vuelve a ver el vídeo y forma frases relacionando los elementos de cada columna.

1 El caso histórico es…
2 En la plaza del Ayuntamiento…
3 Enfrente de la oficina de turismo…
4 Eva vive en…
5 La parte nueva es…
6 Ponferrada es una ciudad…

a el barrio antiguo.
b está el Museo de la Radio.
c hay muchos cafés con terrazas.
d pequeña, pero muy bonita.
e un barrio con mucha actividad, pero muy ruidoso.
f un barrio muy agradable y con poco tráfico.

C DESPUÉS

5 ¿Qué parte de la ciudad te gusta más? ¿Por qué? Coméntalo con tus compañeros.

ACTIVIDADES **VÍDEO 7**

Un chico simpático

A ANTES

1 Fíjate en estos tres chicos: ¿qué piensas de ellos? Coméntalo con tus compañeros.

Parece simpático   Parece serio   Es feo   Parece aburrido

Parece antipático   Es guapo   Parece divertido

- El primero parece divertido y simpático, me gusta porque lleva una camiseta con grafiti y a mí me gustan los grafiti y patinar.

2 Los tres chicos de la actividad anterior están en un parque. ¿Qué actividades te gusta hacer en un parque? Márcalas y coméntalo con tus compañeros. ¿Podéis añadir alguna actividad más a la lista?

Montar en bicicleta. ☐	Correr. ☐	Hablar con amigos. ☐
Jugar al fútbol. ☐	Pasear. ☐	Dormir la siesta. ☐
Leer. ☐	Hacer un *picnic*. ☐	
Tomar el sol. ☐	Jugar a las cartas. ☐	

- A mí me gusta montar en bici y luego, dormir un poco la siesta, debajo de un árbol...

B DURANTE

3 Mira el principio del vídeo y elige la opción correcta.

1 **Eva / Lucía** está descansando.
2 **Eva / Lucía** está estirando los músculos.
3 **Eva / Lucía** está mirando a un chico.

4 Mira la continuación del vídeo. ¿Cómo es el chico que le gusta a Lucía? Completa las siguientes frases.

1 Tiene el pelo .... y ....
2 Es .... y ....
3 .... gafas de sol.

5 ¿Qué va a hacer Lucía?

1 Va a invitar al chico a correr con ellas.
2 Va a proponer al chico quedar para ir al cine esa tarde.
3 Va a pedirle el teléfono.

6 ¿Crees que el chico va a aceptar? Mira el final del vídeo y compruébalo.

Yo creo que el chico va a...

C DESPUÉS

7 En el lugar donde estáis, ¿hay algún parque agradable? Elige una de las actividades del apartado 2 e invita a alguno de tus compañeros a hacerla contigo.

ACTIVIDADES VÍDEO 8

¿Qué hiciste ayer?

A ANTES

1 ¿Qué hiciste tú ayer por la noche? Coméntalo con tu compañero.

- ☐ Cené en un restaurante.
- ☐ Fui a un concierto.
- ☐ Fui a una discoteca a bailar.
- ☐ Fui al cine.
- ☐ Leí un libro.
- ☐ Me acosté pronto.
- ☐ Me quedé en casa.
- ☐ Salí con unos amigos a tomar algo.
- ☐ Trabajé hasta tarde.
- ☐ Vi la tele.

▪ *Yo me quedé en casa, vi la tele, pero no me acosté pronto...*

2 Pregunta a tus compañeros qué hicieron ellos ayer. ¿Alguien coincide contigo? Cuéntaselo al resto de la clase.

▪ *Mi compañero y yo fuimos...*

B DURANTE

3 Mira la primera parte del vídeo y contesta a las preguntas.

1 ¿Qué tiempo hace?
....
2 ¿Qué estación del año es?
....
3 ¿Qué hora es?
....
4 ¿Qué está haciendo Eva?
....
5 ¿Qué día de la semana crees que es?
....

4 Eva le cuenta a su padre lo que hizo la noche anterior. Mira el resto del vídeo y marca en qué orden hizo cada cosa. Atención, hay tres cosas que no hizo.

- a Cenó en casa de Javier. ☐
- b Fue a bailar a una discoteca. ☐
- c Fue al cine. ☐
- d Fue a un bar a ver un concierto. ☐
- e Hizo muchas fotos. ☐
- f Volvió a su casa en coche con Javier. ☐
- g Quedó con sus amigos en casa de Javier. ☐
- h Tomó chocolate con churros. ☐

5 Vuelve a ver el vídeo y elige la opción correcta en cada caso.

1 La cena...
  ☐ **a** la prepararon Javier y Miguel.
  ☐ **b** la cocinó Miguel.
2 Cenaron...
  ☐ **a** pizzas.
  ☐ **b** ensaladas y pescado.
3 El concierto...
  ☐ **a** no les gustó.
  ☐ **b** estuvo muy bien.
4 Después del concierto...
  ☐ **a** fueron a bailar a una discoteca.
  ☐ **b** se fueron a casa.
5 Eva llegó a casa...
  ☐ **a** a las cinco y diez.
  ☐ **b** a las tres.
6 La madre de Eva...
  ☐ **a** se levantó para espiar a Eva.
  ☐ **b** se levantó para ir al baño.

C DESPUÉS

6 ¿Cuándo fue la última vez que volviste a casa muy tarde? ¿Por qué? ¿Qué hiciste? Cuéntaselo a tus compañeros.

ACTIVIDADES VÍDEO 9

¿Qué meto en la maleta?

A ANTES

1 Relaciona las imágenes con la palabra correspondiente.

- ☐ bañador
- ☐ bermudas
- ☐ bikini
- ☐ camisa de rayas
- ☐ camiseta de tirantes
- ☐ cazadora
- ☐ chanclas
- ☐ chaqueta
- ☐ pantalones cortos
- ☐ playeras
- ☐ sandalias
- ☐ sombrero
- ☐ traje
- ☐ vaqueros
- ☐ vestido
- ☐ zapatos

ACTIVIDADES VÍDEO 9

2 ¿Cuándo te pones las prendas de la actividad anterior?
Coméntalo con tu compañero.

☐ en invierno
☐ en verano
☐ para hacer deporte
☐ para ir a la piscina

☐ para ir a la playa
☐ para ir a una fiesta
☐ para ir al trabajo
☐ para salir con amigos

■ Las chanclas las llevo para ir a la piscina.
● Pues yo también las llevo para estar en casa.

B DURANTE

3 Mira el vídeo y marca qué llevan Eva (A), el padre de Eva (B), los dos (C).

1 un sombrero ☐
2 un traje gris ☐
3 un vestido corto azul ☐
4 un vestido corto rojo ☐
5 un vestido largo ☐
6 una camisa de rayas ☐
7 una camisa oscura ☐
8 una camiseta de manga corta ☐
9 una camiseta de tirantes ☐
10 unas chanclas ☐
11 unas gafas de sol ☐
12 unas playeras ☐
13 unas sandalias ☐
14 unos pantalones cortos amarillos ☐
15 unos pantalones cortos negros ☐
16 unos pantalones vaqueros ☐
17 unos zapatos grises ☐

4 Vuelve a ver el vídeo y completa las frases.

1 Los pantalones vaqueros son ....
2 Los pantalones cortos amarillos son ....
3 El vestido largo es ....
4 La maleta de Eva es ....
5 Los zapatos son ....
6 El traje gris es ....
7 La camiseta de tirantes es ....
8 La camisa de rayas es ....

C DESPUÉS

5 ¿Te pareces a Eva preparando la maleta?
¿Con cuál de las siguientes frases te sientes más identificado?
Coméntalo con tus compañeros.

1 Siempre hago la maleta un día antes de salir de viaje.
2 Prefiero llevar una maleta con pocas cosas y si necesito algo lo compro.
3 En mi maleta llevo de todo, como Eva.
4 No pido opinión a nadie, prefiero hacer mi maleta yo solo/a.
5 Hago una lista de las cosas que quiero llevarme para no olvidar nada.

ACTIVIDADES VÍDEO 10

Me encuentro fatal

A ANTES

1 Relaciona las frases de cada columna. Puede haber más de una opción.

1	Creo que tengo fiebre,	a	voy a ir al dentista.
2	Me duele mucho el cuello,	b	no voy a comer.
3	Me duele mucho la espalda,	c	¿tienes una aspirina?
4	Me duele la garganta,	d	voy a darme un baño caliente.
5	Me duele mucho una muela,	e	fuma unos 25 cigarrillos al día.
6	Me duele el estómago,	f	voy a ponerme el termómetro.
7	Me duele la cabeza,	g	¿tienes un caramelo?
8	Todas las mañanas tiene mucha tos,	h	voy a ir a darme un masaje.

B DURANTE

2 Mira el principio del vídeo y contesta a estas preguntas.

1 ¿Qué hora del día crees que es? ¿Por qué?
2 ¿Qué está haciendo Eva?
3 ¿Qué le pasa?

3 Mira la continuación del vídeo y completa las frases con la opción correcta. En algunos casos puede haber más de una.

1 Eva no puede ir a la exposición con Javier y Lucía porque…
   a no se encuentra bien.
   b sus padres están de viaje.
   c tiene que estudiar mucho.
   d quiere dormir.

2 Le duele…
   a la cabeza.
   b la garganta.
   c la espalda.
   d el cuello.

3 Tiene…
   a fiebre.
   b calor.
   c sueño.
   d tos.

4 Javier le recomienda…
   a tomarse una aspirina.
   b beber mucho café.
   c irse a la cama.
   d darse un baño.

4 Mira ahora la segunda parte del vídeo. Javier se queda con Eva para ayudarla y cuidarla. Toma nota de las cosas que tiene que hacer.

Recoger el desayuno.
En el supermercado: ....
En el mercado: ....
En la farmacia: ....

C DESPUÉS

5 En parejas, imaginad que Eva ya está en la cama. ¿Qué otras cosas le pide a Javier a lo largo del día?

un vaso de agua   calentar una sopa   subir la calefacción   un zumo

6 ¿Qué haces tú normalmente cuando tienes gripe? Coméntalo con tu compañero.

1 Llamo a mi madre y ella me cuida. ☐
2 Me voy a la cama y descanso. ☐
3 Tomo algún medicamento fuerte y sigo con mi vida. ☐
4 Voy al médico. ☐
5 Tomo muchos líquidos, sopas y frutas. ☐
6 Me quedo en casa y no veo a nadie, para no contagiarles. ☐

- Yo, me quedo en casa, tomo zumos, sopas, pero, normalmente no voy al médico, solo si estoy mucho tiempo con gripe…

TRANSCRIPCIONES

UNIDAD 1

C ¿CUÁL ES TU NÚMERO DE MÓVIL?

4 Pista 1

1   A ¿Su nombre, por favor?
    B Manuel González Romero.
    A Muy bien. ¿De dónde es usted, señor González?
    B Soy español, de Valencia.
    A ¿Vive en Valencia?
    B No, ahora vivo y trabajo en Madrid.
    A ¿A qué se dedica usted?
    B Soy economista.
    A Muy bien. ¿Y cuál es su número de teléfono?
    B Es el 9 1 6 5 4 3 2 0 1.
    A Muchas gracias.

2   A Isabel, ¿cómo te llamas de apellido?
    B Jiménez Díaz.
    A ¿Jiménez con g o con j?
    B Con jota.
    A ¿Y en qué trabajas?
    B Soy profesora de alemán.
    A ¿Eres española?
    B No, soy argentina, pero ahora vivo acá en Madrid.
    A Muy bien, ¿me dices tu número de teléfono?
    B Sí, es el 656 789 823.
    A ¿Y tu correo electrónico?
    B isabel.j@yahoo.com.
    A Gracias.

C ¿CUÁL ES TU NÚMERO DE TELÉFONO?

8 Pista 2

A Hola, me llamo Antonio Rodríguez, soy taxista. Vivo con mi familia en Toledo. Estoy casado y tengo un hijo de quince años. Mi mujer se llama Susana y es peluquera, trabaja en una peluquería cerca de nuestra casa. Mi hijo estudia en el instituto, es un buen estudiante. En mi casa vive también mi madre, tiene 68 años y es viuda. Ella nos ayuda en el trabajo de la casa.

B Yo me llamo Luisa y soy enfermera. Soy andaluza, pero vivo en Tarragona. Trabajo en un hospital. Estoy soltera, pero tengo una familia muy grande. Mis hermanos y mis padres viven en Barcelona.

C Mira esta foto, es Javier, mi novio. Tiene 23 años y es informático, trabaja en una empresa de ordenadores. Habla inglés y francés, es muy inteligente.

UNIDAD 2

C ¿QUÉ HORA ES?

3 Pista 3

En mi país la gente desayuna a las siete o siete y media, muy temprano. Luego, en el trabajo o en la escuela almuerzan una torta y comen en casa a las dos y media o las tres. La cena normalmente es a las nueve de la noche.

Los niños empiezan las clases a las ocho de la mañana y terminan a las doce y media. Luego, por la tarde, hay otros turnos, desde las doce y media hasta las cinco.

En cuanto a los bancos, normalmente abren desde las ocho hasta las dos. Algunos bancos abren también los jueves por la tarde.

Las tiendas de comida están abiertas desde las siete y media de la mañana hasta las diez de la noche.

7 Pista 4

Salidas:
- El vuelo de Aeroperú número 23848 (dos, tres, ocho, cuatro, ocho) tiene la salida prevista a las siete cincuenta y cinco.
- Los pasajeros del vuelo de Lanchile número 064 (cero sesenta y cuatro) con salida a las doce cero cinco deben dirigirse a la puerta de embarque 9D.
- Los pasajeros del vuelo de Aerolíneas Argentinas 1289 (uno, dos, ocho, nueve) con destino a Buenos Aires y salida a las quince veinte salen de la puerta de embarque 5B.
- El vuelo de Iberia 576 (cinco, siete, seis) con destino a México sale con una demora de quince minutos y, por tanto, la salida es a las dieciocho treinta y cinco. Pasajeros, diríjanse a la puerta de embarque 7F.
- El vuelo de Alitalia 027 (cero, dos, siete) con destino a Roma tiene su salida a las veintitrés diez.

PROCESOS Y ESTRATEGIAS 1

1 Pista 5

Secretaria: Sí, doctora, ¿dígame?
Doctora: Raquel, ¿puedes decirme las citas de hoy, por favor?
Secretaria: Sí, claro, a las nueve tiene una cita con Javier Gómez, es la primera vez que viene.
Doctora: Muy bien.
Secretaria: A las nueve y media está la familia Sánchez, el hijo y la madre, igual que la semana pasada. A las diez tenemos a Susana Martín, es la

revisión de todos los años, y a las once también tenemos otra persona nueva, Almudena Pajares.
Doctora: Bien, ¿no tengo nada libre antes de las doce?
Secretaria: Sí, de once y media a doce y media está libre.
Doctora: Estupendo, así puedo salir un momento. ¿Tú tienes tiempo de ir a la farmacia?
Secretaria: Sí, claro, puedo ir a las doce.
Doctora: Muy bien, ¿qué citas hay después de las doce y media?
Secretaria: A esa hora tenemos a la señora Hernández, y a la una a Emilio Pajares y a su hijo pequeño.
Doctora: Sí, con ellos necesito una hora. ¿Es la última cita de la mañana?
Secretaria: Sí, terminamos a las dos y la siguiente es a las cuatro y media.
Doctora: Estupendo, así podemos ir a casa a comer. Hoy llega Pablo de Madrid y quiero comer con él.

2   Pista 6

Paciente: Buenos días, soy Javier Gómez.
Secretaria: Buenos días, sí, tiene cita a las nueve.
Paciente: Eso es.
Secretaria: Necesito sus datos personales para hacerle una ficha.
Paciente: Claro.
Secretaria: A ver… Nombre, Javier, primer apellido, Gómez, ¿cuál es su segundo apellido?
Paciente: Lucena.
Secretaria: ¿Fecha de nacimiento?
Paciente: 2 de enero de 1960.
Secretaria: ¿Dirección?
Paciente: Calle Torrelaguna, 27.
Secretaria: ¿Teléfono?
Paciente: 675 38 97 66.
Secretaria: 67538… perdone, ¿puede repetir?
Paciente: Sí, claro, 675 38 97 66.
Secretaria: Muy bien, ¿correo electrónico?
Paciente: javigomez60@gmail.com.
Secretaria: De acuerdo, no necesito nada más, puede sentarse en la sala de espera.
Paciente: Muchas gracias.

UNIDAD 3

C ¿QUÉ DESAYUNAS?

1   Pista 7

A
Camarero: Buenos días, ¿qué toman?
Señor: Yo quiero un café con leche y una tostada.
Señora: ¿Tiene zumo de naranja natural?
Camarero: Sí, claro.
Señora: Yo un zumo de naranja y una tostada con mantequilla y mermelada.
B
Camarero: Buenos días, ¿qué desea?
Señor: Quiero dos huevos fritos con beicon.
Camarero: Lo siento, no tenemos. ¿Quiere un bocadillo?
Señor: Sí, por favor, un bocadillo de queso y un café con leche.
C
Camarero: Buenos días, ¿qué desea?
Señora: Buenos días, quiero un té con leche, una magdalena y un zumo de naranja.
Camarero: Muy bien, ahora mismo.

UNIDAD 4

B INTERIORES

7   Pista 8

Mi casa de campo es muy bonita. Tiene tres dormitorios con vistas al jardín. El más grande tiene un pequeño cuarto de baño. Tiene otro cuarto de baño grande al final del pasillo. El salón es muy amplio, con dos grandes ventanas y una chimenea para hacer fuego en invierno. Junto al salón está el comedor y una cocina pequeña donde cocinamos mi marido y yo. Hay un garaje a la entrada. La casa tiene un jardín muy grande, con muchos árboles y flores. Tenemos una piscina para bañarnos en verano. Nos gusta mucho ir a nuestra casa en vacaciones.

UNIDAD 5

C RECETA DEL CARIBE

5   Pista 9

La dieta mediterránea
¿En qué se basa esta cultura gastronómica?
Se basa, principalmente, en el aceite de oliva, el pan y el vino. Con estos productos básicos se alimentan los pueblos mediterráneos desde hace más de cinco mil años.
Los países mediterráneos consumen como grasa principal el aceite de oliva, que favorece la disminución del colesterol. También consumen gran cantidad de pescados azules, legumbres y frutas, y menos carne.
Las primeras investigaciones sobre esta dieta se centran en Grecia y en España, donde se estudian las

TRANSCRIPCIONES

características de su cocina, sus ingredientes, técnicas de cocción, etc., y se llega a la conclusión de que la dieta de estos países es la ideal para mantener una buena salud.

UNIDAD 6

A ¿CÓMO SE VA A GOYA?

3 Pista 10

- ¿Dígame?
- ¿Marta? Soy Beatriz.
- ¡Hola! ¿Ya estáis en Madrid?
- Sí, estamos en el hotel de la plaza de España.
- Estupendo, ¿comemos juntas? Mi trabajo está cerca del hotel, si quieres, puedes venir andando, tardas unos veinte minutos.
- No, no, dime mejor cómo voy en metro, tengo un plano en la mano.
- Mira, estoy en Gran Vía, en la línea 5, solo hay dos estaciones desde Plaza de España, ¿lo ves?
- Pues no.
- Coge la línea tres, y en la primera estación cambia a la línea 5.
- ¿En Ventura Rodríguez?
- No, en la otra dirección, en Callao, ¿lo ves?
- Sí, sí.

C MI BARRIO ES TRANQUILO

7 Pista 11

Música de salsa, flamenco, tango y ranchera.

PROCESOS Y ESTRATEGIAS 3

3 Pista 12

Yo vivo en un barrio pequeño y muy agradable, que está a las afueras de la ciudad. Es bastante tranquilo porque no hay mucho tráfico.

En mi barrio hay varios medios de transporte: hay una estación de metro y varias paradas de autobús, así que es muy cómodo ir al centro de la ciudad.

Cerca de mi casa hay una zona comercial con bancos, dos supermercados y varias tiendas de ropa. Normalmente compro en esa zona porque me gustan las tiendas pequeñas, pero cerca del barrio también hay un gran centro comercial y algunas veces voy allí durante el fin de semana. En el centro comercial hago algunas compras y también voy al cine o a los restaurantes.

Mis hijos estudian en el colegio del barrio, que está también muy cerca de nuestra casa, por eso vamos todos los días andando.

El trabajo está lejos, en el centro de la ciudad. Normalmente voy en metro porque es muy cómodo y rápido.

UNIDAD 7

A ¿DÓNDE QUEDAMOS?

1 Pista 13

1
María: ¿Por qué no vamos a tomar algo después de trabajar?
Ricardo: Lo siento, hoy no puedo, tengo que ir de compras con mi hermano. ¿Te parece bien mañana?
María: ¿A qué hora te viene bien?
Ricardo: ¿A las seis?
María: No, mejor a las seis y media.
Ricardo: De acuerdo. ¡Hasta mañana!
2
Daniel: ¿Vamos al cine esta noche?
Carmen: No puedo, lo siento. Voy a cenar con unos amigos.
Daniel: ¿Y si nos tomamos un café antes?
Carmen: Bueno, de acuerdo. ¿Vamos al Café Central?
Daniel: Estupendo. Nos vemos allí a las cinco.

3 Pista 14

Entrev: Radio Centro FM. Esta noche en nuestra sección de "Espectáculos" vamos a hablar con Carolina y Pedro, una joven pareja de madrileños que nos van a comentar sus preferencias cuando salen de noche los fines de semana.
Entrev: ¿Adónde vais normalmente?
Pedro: Yo prefiero ir a un concierto. Me gusta mucho ir a conciertos de *rock*, pero Carolina ya está un poco harta. A ella le gusta más ir al teatro. Después, nos gusta mucho ir a tomar unas tapas y volver a casa dando un paseo.
Entrev: ¿Y tú, Carolina, qué dices?
Carolina: Me gusta mucho ir al teatro. También me gustan los conciertos de música clásica, excepto la ópera; es demasiado larga. A Pedro le gusta ir a todo tipo de espectáculos musicales, aunque son muy caros. Pero lo que más nos gusta hacer a los dos juntos es ir al cine.

C ¿CÓMO ES?

4 Pista 15

Antonio Banderas es un actor español muy famoso. Es de Málaga pero vive temporadas fuera de España desde hace bastantes años. Sus amigos dicen que es divertido, simpático, sociable y muy trabajador. Todas estas cualidades son importantes para tener éxito en el cine y también en otros aspectos de la vida. Para Antonio Banderas su profesión es muy importante y además le gusta mucho, por eso dice que para él trabajar es también una forma de divertirse. Su película favorita es *Amarcord*, de Fellini.

Además del cine y el teatro, le gusta mucho leer, tocar el piano y escribir. Su deporte favorito es esquiar, todos los inviernos viaja a algún sitio con nieve para practicar el esquí.

Antonio Banderas es moreno, tiene los ojos marrones y el pelo un poco rizado. No es muy alto, mide 1,74 metros. Algunas veces lleva barba y pelo corto. En las fotos normalmente no tiene gafas, pero sí las usa para leer o escribir.

UNIDAD 8

A POR FAVOR, ¿PARA IR A LA CATEDRAL?

6 Pista 16

La plaza tiene una torre,
la torre tiene un balcón,
el balcón tiene una dama,
la dama, una blanca flor.
Ha pasado un caballero,
¿quién sabe por qué pasó?,
y se ha llevado la plaza con su torre y
su balcón, con su balcón y su dama,
su dama y su blanca flor.

C ¿QUÉ TIEMPO HACE HOY?

1 Pista 17

Desde niña, siempre deseé conocer la selva. Este verano estuve en Perú, un país maravilloso.

Al día siguiente de mi llegada a Lima, cogí un avión a Iquitos, preciosa ciudad tropical, como sacada de una película: los mototaxis, los mercados de fruta, las casas… y el río Amazonas.

Después entramos en la selva, dispuestos a pescar pirañas, bañarme en el Amazonas, comer plátano frito…

Más tarde, paramos en un pueblo en medio de la selva. En unos segundos un montón de niños salieron de sus casas y me rodearon con sus rostros sonrientes. Finalmente, me hice unas fotos con ellos y me despedí muy contenta de llevarme un recuerdo auténtico del Amazonas.

UNIDAD 9

A ¿CUÁNTO CUESTAN ESTOS ZAPATOS?

1 Pista 18

1
Depend: ¿Puedo ayudarla?
Señora: Sí, ¿cuánto cuestan estos pendientes?
Depend: 20 euros.
Señora: ¿Y esos de ahí, los azules?
Depend: Esos están rebajados, cuestan 15 euros.
Señora: Me los llevo.
Depend: ¿Va a pagar en efectivo o con tarjeta?
2
Señora: Buenos días. ¿Cuánto cuesta la falda roja del escaparate?
Depend: Son 40 euros.
Señora: ¿Puedo probármela?
Depend: Sí, claro, los probadores están al final del pasillo.
Depend: ¿Qué tal le queda?
Señora: Pues no me gusta mucho, lo siento, no me la llevo.
3
Señora: Mira esa camiseta verde, solo cuesta 10 euros.
Chica: Me gusta más esta, ¿por qué no te la pruebas?
Señora: Vale… a ver… ¿Cómo me queda?
Chica: Fenomenal.
Señora: ¿Cuánto cuesta?
Chica: Da igual, yo te la regalo.

UNIDAD 10

A LA SALUD

5 Pista 19

Maite: ¿Qué te pasa, Alfonso? ¿Te encuentras mal?
Alfonso: Sí, me duele mucho la espalda.
Maite: Vaya, eso es porque estás todo el día teletrabajando.
Alfonso: Sí, ahora estoy siempre en el ordenador y casi no salgo de casa.
Maite: Tienes que hacer un poco de ejercicio, pasear, salir más a la calle…
Alfonso: Ya, pero ahora me duele mucho, casi no puedo moverme.
Maite: ¿Por qué no te acuestas un rato y descansas?
Alfonso: Vale, creo que es lo mejor. Si mañana sigo igual, llamo al médico.

SOLUCIONES

UNIDAD 1

A ¡ENCANTADO!

1 1 d. 2 b. 3 c. 4 e. 5 a. 6 f.

2 1 A ¿De dónde eres? 2 A ¡Hola!, ¿qué tal? 3 A ¿Eres española? 4 A ¿De dónde eres? 5 A ¿Cómo te llamas?

3 ¿De dónde eres? / ¿Cómo está usted?

4 1 A Hola, ¿cómo te llamas? / B ¿Eres francesa? / A No, soy nigeriana. ¿Y tú? 2 PABLO: María, mira, esta es Susanne. / SUSANNE: Bien, gracias. / MARÍA: ¿De dónde eres? / SUSANNE: Soy francesa, pero ahora vivo en Madrid. 3 SUSANA: Buenos días, Sr. López. / SR. LÓPEZ: Buenos días, Susana. / SUSANA: Mire, le presento a la nueva directora, Julia Linares. / SR. LÓPEZ: Encantado de conocerla. / JULIA: Gracias, igualmente.

5 País: Perú; Alemania; Irlanda. / **Nacionalidad masculino:** portugués; marroquí; peruano; bielorruso; mexicano. / **Nacionalidad femenino:** brasileña; canadiense; alemana; polaca; irlandesa; mexicana.

6 1 Sánchez; 2 Rodríguez; 3 Zorrilla; 4 Martínez; 5 Huerta; 6 Bogotá; 7 Valencia; 8 Varsovia; 9 Túnez; 10 Ankara.

B ¿A QUÉ TE DEDICAS?

1

P	E	L	U	Q	U	E	R	A	B
R	T	Y	Ñ	P	O	U	J	K	Ñ
O	Z	C	A	L	T	E	R	O	L
F	M	E	T	A	X	I	S	T	A
E	C	R	A	B	O	G	A	D	A
S	V	M	P	D	O	S	M	O	A
O	R	E	R	A	M	A	C	L	C
R	E	D	T	V	U	B	W	M	T
A	Y	I	O	U	D	L	U	Q	R
P	O	C	T	R	I	M	W	D	I
Z	Q	A	T	B	C	M	N	R	Z
A	R	V	X	L	A	P	G	F	D
C	I	E	N	T	I	F	I	C	A

2 1 Él llama por teléfono todos los días. 2 Rosa tiene tres hijos. 3 Ignacio habla inglés y francés. 4 Nosotros comemos en casa los domingos. 5 ¿Usted habla ruso? 6 ¿Vosotros vivís en España? 7 Ellos viven en París. 8 Layla estudia en la universidad. 9 Yo no trabajo ni estudio. 10 ¿Usted trabaja aquí?

3 Ser: soy, eres, es, somos, sois, son. **Tener:** tengo, tienes, tiene, tenemos, tenéis, tienen.

4 1 Elena tiene dos hijos. 2 Roberto es de Buenos Aires. 3 ¿De dónde son Jorge y Claudia? 4 A ¿Son ustedes americanos? B No, somos ingleses. 5 Yo tengo un novio español. 6 Mi amiga Gisela es brasileña. 7 A ¿Tenéis novio? B Ella sí, pero yo no tengo. 8 A ¿Tú eres peruana? B No, soy boliviana. 9 A Julia es mi hermana, es profesora. B Yo también soy profesora. 10 Mi hija tiene una casa en Mallorca. 11 A Somos argentinos, y vosotros, ¿de dónde sois? B Somos chilenos. 12 A ¿Tienes hijos? B No, no tengo hijos.

5 Posibles respuestas: 1 Luis y yo estudiamos Derecho. 2 Renate es traductora. 3 Yo trabajo en un restaurante. 4 Ángel y Rosa tienen dos hijos.

C ¿CUÁL ES TU NÚMERO DE MÓVIL?

1 a 4. b 6. c 1. d 2. e 5. f 3.

2 a: nueve, uno, tres; cinco, seis, siete; ocho, dos, seis. **b:** nueve, dos, cinco, cero, siete, tres; nueve, cuatro, uno. **c:** seis, dos, seis; dos, cinco, cuatro; seis, ocho, cinco. **d:** seis, dos, cero; seis, cinco, cuatro; tres, nueve, dos. **e:** nueve, cinco, tres; nueve, ocho, uno; ocho, cinco, seis.

3 once, doce, trece, catorce, quince, dieciséis, diecisiete, dieciocho, diecinueve, veinte.

4 1 Manuel. González Romero. Español. Economista. Madrid. 916543201. 2 Isabel. Jiménez Díaz. Argentina. Profesora. Madrid. 656 789 823. isabel.j@yahoo.com.

5 Actividad libre.

6 1 José Martínez López. Es secretario. Vive en Sevilla y es español. 2 Se llama Noelia Montoro Ruiz. Es pianista. Vive en Cáceres y es cubana.

7 A (1) me llamo; (2) soy; (3) Vivo; (4) tengo; (5) se llama; (6) es; (7) trabaja; (8) estudia; (9) es; (10) vive; (11) es.

B (12) me llamo; (13) soy; (14) soy; (15) vivo; (16) Trabajo; (17) Estoy; (18) viven.

C (19) es; (20) Tiene; (21) es; (22) trabaja; (23) Habla; (24) es.

UNIDAD 2

A ¿ESTÁS CASADO?

1 1 f; 2 a; 3 e; 4 b; 5 c; 6 d; 7 h; 8 g; 9 i; 10 j.

2 Laura: (1) se llama; (2) es; (3) tiene; (4) es; (5) es; (6) es; (7) tiene; (8) tengo; (9) Se llaman; (10) Son. **Pablo:** (1) Tengo; (2) es; (3) tiene; (4) es; (5) tiene; (6) tienen; (7) se llama; (8) es; (9) se llama; (10) es.

3 Mercedes: abuela; **Miguel:** marido; **Jorge:** yerno; **Jorge:** tío; **Marisa:** madre; **Marisa:** mujer; **José Luis:** abuelo; **Miguel y Marisa:** padres; **José Luis y Mercedes:** abuelos; **Celia:** sobrina.

4 1 Rosa y María son colombianas. 2 Mis padres son profesores. 3 Nosotros tenemos gatos. 4 Ellos están casados. 5 Estos hoteles son caros. 6 ¿Tus compañeros son españoles? 7 Estos chicos son estudiantes. 8 ¿Tus bolígrafos son nuevos? 9 Las ventanas están abiertas. 10 Estas son las amigas de mis hermanas.

B ¿DÓNDE ESTÁN MIS GAFAS?

1

```
O B C R D P M G U V F
R P O W S S B P W R M
D I C C I O N A R I O
E N H G L F R R E P V
N B E U L A M A L P I
A Y B M A P A G O J L
D N L I B R O U J Z W
O B N M G A F A S C P
R Z A E L R P S R T U
A U R I C U L A R E S
```

2 1 al lado de; 2 encima de; 3 entre; 4 debajo de; 5 encima de; 6 al lado; 7 detrás; 8 en; 9 encima de; 10 delante.

3 1 Este es mi hermano. 2 Estos son mis padres. 3 ¿Esta es tu madre? 4 Estos son sus tíos. 5 Estos son tus libros. 6 Estas son mis hermanas. 7 Estos son sus abuelos. 8 ¿Este es su teléfono? 9 Este es mi móvil. 10 ¿Este es su coche?

C ¿QUÉ HORA ES?

1 1 la una y media; 2 las nueve menos veinte; 3 las nueve y diez; 4 las doce en punto; 5 las diez y cuarto; 6 las tres y veinticinco; 7 las seis menos diez; 8 las once menos cuarto.

2 a veinticinco; b ochenta y siete; c noventa y cuatro; d ciento tres; e ciento quince; f doscientos treinta; g trescientos veintiuno; h cuatrocientos cuarenta y seis; i quinientos treinta y cinco; j mil doscientos doce; k mil novecientos treinta y seis; l mil novecientos noventa y ocho; ll dos mil quinientos cincuenta.

3 Desayuno: siete o siete y media. **Comida:** dos y media o tres. **Cena:** nueve de la noche. **Clases:** empiezan a las ocho. **Bancos:** abren a las ocho y cierran a las dos. **Tiendas:** abren a las siete y media y cierran a las diez de la noche.

4 Actividad libre.

5 1 F; 2 V; 3 V; 4 F; 5 V.

6 1 Mi hermana es muy simpática. 2 ¿Tú vives con tus padres? 3 ¿Dónde viven tus padres? 4 Mi hermano mayor es médico. 5 Mi marido trabaja en una empresa alemana. 6 Mi abuelo vive con mis padres. 7 ¿Tus hijos estudian en la universidad?

7 Lima: 23848. **Santiago:** 9D. **Buenos Aires:** 15:20. **México:** 7F. **Roma:** 027.

8 1 Mis padres son italianos. 2 ¿Dónde están mis lápices? 3 Enrique tiene dos relojes. 4 El diccionario está encima de la mesa. 5 Mi hermano estudia Medicina. 6 Es la una y cuarto. 7 Este sofá es muy cómodo. 8 En mi país la gente cena a las diez.

9 1 Esta; 2 Mi; 3 tu; 4 estos, tus; 5 sus; 6 Estas; 7 vuestro; 8 Este; 9 esta, mis.

PRACTICA MÁS 1

1 A yo trabajo, como, vivo; tú trabajas, comes, vives; él trabaja, come, vive; nosotros trabajamos, comemos, vivimos; vosotros trabajáis, coméis, vivís; ellos trabajan, comen, viven. **B** tengo, tienes, tiene, tenemos, tenéis, tienen; soy, eres, es, somos, sois, son.

2 1 tienen; 2 es, es, trabaja; 3 comemos; 4 vive; 5 Tiene; 6 son, trabajan; 7 es, vive; 8 trabajan; 9 tenemos; 10 son, viven; 11 comen.

3 Masculino: ordenador, mapa, sofá, diccionario, libro, móvil, cuaderno, hotel, chico. **Femenino:** silla, gafas, televisión, mesa, ventana.

4 1 ¿De dónde eres? 2 ¿Eres español? 3 ¿Dónde vivís? 4 ¿A qué te dedicas? 5 ¿Dónde trabajas? 6 ¿Cómo te llamas? 7 ¿Sois madrileñas? 8 ¿Estás casada? 9 ¿Tienes hijos?

5 1 las mesas, 2 los relojes, 3 los hombres, 4 las mujeres, 5 los paraguas, 6 los estudiantes, 7 las abuelas, 8 las madres, 9 los autobuses, 10 los móviles, 11 las hijas.

6 1 tu, 2 mis, 3 tu, 4 tus, 5 sus, 6 su, 7 su, 8 mi.

7 1 diez, once, doce, trece, catorce, quince, dieciséis, diecisiete, dieciocho, diecinueve.

2 veinte, treinta, cuarenta, cincuenta, sesenta, setenta, ochenta, noventa.

3 cien, doscientos, trescientos, cuatrocientos, quinientos, seiscientos, setecientos, ochocientos, novecientos, mil.

4 veinticinco, veintiocho, treinta y uno, treinta y cuatro, treinta y siete, cuarenta, cuarenta y tres, cuarenta y seis.

8 1 buenos, 2 inglesa, 3 viven, 4 trabajo, 5 peluquera, 6 son, 7 tienen, 8 es, 9 italianas, 10 come, 11 El, 12 Este.

PROCESOS Y ESTRATEGIAS 1

1 9:00 Javier Gómez; 9:30 familia Sánchez; 10:00 Susana Martín, 11:00 Almudena Pajares; 12:30 Señora Hernández; 13:00 Emilio Pajares y su hijo.

2 1 Sí. Tiene libre de 11:30 a 12:30. 2 Raquel. 3 Sí, empiezan a las 16:30.

3 Fecha de nacimiento: 2 de enero de 1960. Dirección: calle Torrelaguna, 27. Teléfono: 675 38 97 66. Correo electrónico: javigomez60@gmail.com.

4 2: Isabel, Las y Mi. 3: María, Isabel, Rosa y Francisco.

5 Yo me llamo Carmen, vivo en Toledo con mi familia. Tengo un hermano y una hermana.
Mi hermano se llama Juan, tiene 12 años y es estudiante. Mi hermana se llama teresa, tiene 20 años y trabaja en un restaurante. Mis padres se llaman Carlos y M.ª Ángeles, los dos trabajan en el Ayuntamiento de Toledo. Todos nosotros vivimos en una casa grande a las afueras de la ciudad.

SOLUCIONES

UNIDAD 3

A ROSA SE LEVANTA A LAS SIETE

1 1 María se baña por la mañana. 2 Jorge se levanta muy tarde. 3 ¿Tú te acuestas antes de las doce? 4 Mi novio no se afeita todos los días. 5 Clarita se peina sola. 6 Yo me acuesto antes que mi mujer. 7 Mis padres se levantan temprano. 8 Peter se sienta en la última fila.

2 1 a. 2 desde, de, hasta, de. 3 de, a. 4 a, en, a. 5 A. 6 de, a. 7 por, al. 8 de. 9 por, por. 10 en. 11 en, por. 12 al, en.

3 1 c. 2 a. 3 f. 4 b. 5 e. 6 d.

4 Me acuesto, te acuestas, se acuesta, nos acostamos, os acostáis, se acuestan. Vuelvo, vuelves, vuelve, volvemos, volvéis, vuelven. Voy, vas, va, vamos, vais, van.

5 voy, cierra, empezamos, salgo, venís, cierro, vengo, empieza, salen.

6 1 A. vienes, B. Vengo, voy, cierran. 2 A. Vamos, B. nos acostamos. 3 A. empieza, B. me acuesto. 4 A. volvemos, B. vamos. 5 te levantas.

B ¿ESTUDIAS O TRABAJAS?

1 1 LUNES, 2 MARTES, 3 MIÉRCOLES, 4 JUEVES, 5 VIERNES, 6 SÁBADO, 7 DOMINGO.

2 1 d. 2 g. 3 a. 4 e. 5 f. 6 b. 7 c.

3 1 c. 2 e. 3 d. 4 f. 5 g. 6 b. 7 a.

4 1 el aeropuerto. 2 trabaja en un supermercado. 3. son enfermeras y trabajan en un hospital. 4 es secretaria y trabaja en una oficina. 5 trabajan en un restaurante.

5 1 se levanta. 2 se ducha a las 7:15. 3 desayuna. 4 Lleva al colegio. 5 Trabaja. 6 Recoge. 7 Va a nadar. 8 Cena. 9 Lee.

6 Actividad libre.

7 de, soy. Trabajo. muy, porque, cantantes... semanas, y, fines, salgo. el, cine.

C ¿QUÉ DESAYUNAS?

1 A Él quiere café con leche y una tostada. Y ella quiere un zumo de naranja y una tostada con mantequilla y mermelada. **B** Él toma un bocadillo de queso y un café con leche. **C** Ella quiere un té con leche, una magdalena y un zumo de naranja.

2 1 h; 2 a, f; 3 c; 4 d; 5 b, g; 6 c, e.

3 Actividad libre.

4 1 guitarra; 2 paraguayo; 3 regalo; 4 goma; 5 Uruguay; 6 colegio; 7 guerra; 8 domingo; 9 pagar; 10 Noruega.

UNIDAD 4

A ¿DÓNDE VIVES?

1 1 cocina, 2 jardín, 3 garaje, 4 cocina, 5 cuarto de baño, 6 dormitorio, 7 salón, 8 comedor.

2 1 En el primero izquierda. 2 En el cuarto derecha. 3 En el tercero C. 4 En el segundo izquierda. 5 En el décimo derecha. 6 En el primero derecha.

3 1 baño, cocina. 2 dormitorios. 3 garaje. 4 jardín. 5 salón.

B INTERIORES

1 Cocina: armarios, lavavajillas, mesa, microondas. **Cuarto de baño:** lavabo, espejo, bañera. **Salón:** sillones, reproductor de música, mesa, espejo.

2 1 el; 2 La; 3 Los; 4 el; 5 las; 6 El, la; 7 El; 8 los, el; 9 las, el; 10 La, las, el.

3 1 una; 2 una; 3 un; 4 unos; 5 un; 6 unos; 7 un; 8 un; 9 un; 10 un; 11 un; 12 un, una; 13 unas, una.

4 1 El, las; 2 un; 3 La, la; 4 Los; 5 la; 6 las; 7 un; 8 una; 9 el, una.

5 1 Cerca de mi casa hay dos restaurantes. 2 El Museo Picasso está en Barcelona. 3 Bilbao está cerca de Santander. 4 Hay una estación junto a mi casa. 5 El espejo está encima del lavabo. 6 El ordenador está en la habitación de mi hermano. 7 ¿Dónde hay un banco cerca de aquí? 8 Andrés está en el cine con los niños.

6 1 está; 2 Hay; 3 están; 4 hay; 5 está; 6 Hay; 7 tienen; 8 está; 9 Tiene; 10 está.

7 1 F: La casa de Carmen está en el campo. 2 verdadera. 3 verdadera. 4 F: El salón tiene chimenea. 5 verdadera. 6 F: La casa tiene garaje. 7 F: El jardín es muy grande. 8 verdadera. 9 F: En la casa hay una piscina.

8 (1) grande, (2) Está, (3) en, (4) quinta, (5) hay, (6) dormitorios, (7) cocina, (8) el, (9) porque, (10) televisión, (11) librería.

C VISITA A CÓRDOBA

1 1 e. 2 b. 3 d. 4 c. 5 f. 6 a. 7 g.

2 1 ¿Puede decirme si hay habitaciones libres para el próximo fin de semana? 2 ¿Qué precio tiene? 3 ¿El uso de la piscina está incluido en el precio? 4 ¿El IVA está incluido en el precio? 5 ¿Se puede pagar con tarjeta de crédito?

3 1 En Córdoba. 2 Que es estupendo. 3 Restaurante, piscina, pistas de tenis, etcétera. 4 Sevilla.

PRACTICA MÁS 2

1 1 c. 2 a. 3 e. 4 g. 5 b. 6 d. 7 f.

2 1 se acuesta. 2 empiezo. 3 vuelves. 4 me levanto. 5 se sienta. 6 vamos. 7 vengo. 8 salgo. 9 volvemos. 10 va. 11 empiezan. 12 me acuesto. 13 duerme. 14 viene. 15 me siento. 16 se duchan. 17 vuelvo. 18 vivís. 19 es. 20 se despiertan. 21 desayunas. 22 tengo. 23 comemos. 24 practicáis.

3 (1) viven, (2) es, (3) Se levanta, (4) desayuna, (5) sale, (6) Va, (7) se levanta, (8) empieza, (9) Va, (10) come, (11) va, (12) sale, (13) vuelve, (14) practican, (15) cenan, (16) ven, (17) leen, (18) se acuestan.

4 (1) a, (2) de, (3) de, (4) a, (5) en, (6) de, (7) a, (8) en, (9) a, (10) hasta.

5 Actividad libre.

6 1 g. 2 a. 3 b. 4 e. 5 c. 6 h. 7 d. 8 f.

7 2 el dependiente, 3 el presidente, 4 la recepcionista, 5 la cocinera, 6 el médico, 7 la estudiante, 8 el periodista.

8 ¿Dónde está el cuarto de baño? / ¿Dónde hay un supermercado? / ¿Dónde está la parada del autobús n.º 5? / ¿Dónde hay una silla para sentarme? / ¿Dónde está la casa de Miguel? / ¿Dónde hay una estación de metro? / ¿Dónde están los libros de Julia?

9 habitaciones libres; doble; precio; por noche; habitación; reserva.

PROCESOS Y ESTRATEGIAS 2

1 a Trabajo, Suecia, España, científica. **b** Muy importantes: 1, 2. Importantes: 3, 5, 6, 8, 11, 13. Poco importantes: 4, 7, 9, 10, 12.

2 c 3.

UNIDAD 5

A COMER FUERA DE CASA

1 Amalia: 1 judías verdes, **2** arroz, **3** huevos, **4** fruta. **Juan: 1** pescado, **2** carne, **3** pollo asado, **4** queso.

2 1 merluza, **2** flan, **3** judías, **4** espárragos, **5** escalope.

3 1 De postre, fruta del tiempo para los dos. **2** Yo quiero sopa de fideos de primero. **3** De segundo quiero merluza. **4** Y yo, ensalada. **5** Pues yo, pollo asado. **6** Para beber, agua, por favor.

Jorge: Yo quiero sopa de fideos de primero. **Ana:** Y yo ensalada. **Jorge:** De segundo quiero merluza. **Ana:** Pues yo pollo asado. **Jorge:** Para beber, agua, por favor. **Ana:** De postre fruta del tiempo para los dos.

B ¿TE GUSTA EL CINE?

1 Posibles respuestas: 1 A Carmen le gusta la música clásica. **2** A Pablo le gusta la música rock. **3** A los dos les gusta la música. **4** A Carmen le gusta el béisbol. **5** A Pablo le gusta el baloncesto. **6** A los dos les gusta hacer deporte. **7** A Pablo le gusta patinar. **8** A Carmen le gusta el ballet. **9** A Carmen le gusta navegar por internet. **10** A Pablo le gusta hacer fotos. **11** A los dos les gusta tocar la guitarra.

2 Actividad libre.

3 1 ¿A tus amigos les gusta la informática? **2** ¿A ti y a tu compañero os gusta el ciclismo? **3** ¿Te gustan los animales? **4** ¿A tu amigo le gusta ver la televisión? **5** ¿Te gusta el cine de terror? **6** ¿Te gusta la paella?

4 1 Me gusta / no me gusta el zumo de naranja. **2** Me gustan mucho / no me gustan nada los plátanos. **3** Me gustan / no me gustan las verduras. **4** Me gusta / no me gusta la leche. **5** Me gustan / no me gustan los cacahuetes. **6** Me gustan / no me gustan las patatas. **7** Me gusta / no me gusta el café **8** Me gusta / no me gusta el té.

5 Actividad libre.

C RECETA DEL CARIBE

1 trabaja, trabaje; come, coma; abre, abra; bebe, beba; corta, corte; escribe, escriba; ordena, ordene; limpia, limpie.

2 1 Lava, **2** Corta, **3** Añade, **4** Mezcla, **5** Sirve.

3 1 Prepara, **2** Compra, **3** Elabora, **4** Usa, **5** Añade, **6** Recoge.

4 Primer plato: sopa de fideos, ensalada mixta, gazpacho, judías verdes con jamón. **Segundo plato:** merluza a la plancha, escalope de ternera, pollo asado, chuletas de cordero. **Postre:** helado, fruta, flan. **Bebidas:** vino blanco, agua mineral, vino tinto, cerveza.

5 1 Aceite de oliva, pan y vino. **2** Desde hace más de cinco mil años. **3** Porque disminuye el colesterol. **4** Los pescados azules, las legumbres y las frutas. **5** En Grecia y en España.

UNIDAD 6

A ¿CÓMO SE VA A GOYA?

1 1 va, toma, baja, cambia. **2** va, Tome, cambie. **3** va, toma, baja.

2 1 de, a, de. **2** en, en. **3** a. **4** De, a. **5** de, al, en. **6** a, en. **7** a. **8** de, a. **9** hasta, de. **10** De, a.

3 1 V, **2** F, **3** V.

4 Actividad libre.

B CIERRA LA VENTANA, POR FAVOR

1 1 g. **2** a. **3** f. **4** h. **5** d. **6** b. **7** c. **8** i. **9** j. **10** e.

2 1 ¿Puedes poner la televisión? **2** ¿Puedes hablar más despacio? **3** ¿Puedes venir aquí? **4** ¿Puedes hacer los ejercicios? **5** ¿Puedes cerrar la puerta? **6** ¿Puedes pedir la cuenta? **7** ¿Puedes encender la luz? **8** ¿Puedes recoger la mesa? **9** ¿Puedes torcer a la derecha? **10** ¿Puedes seguir todo recto?

3 empiezo, empieza; enciendo, enciende; pido, pide; guarda.

4 1 Cierra el libro. **2** Empieza a trabajar. **3** Enciende el ordenador. **4** Christian, siéntate allí. **5** Siga por aquí. **6** Pide dinero a tus padres. **7** Acuéstate pronto. **8** Levántate ya, son las diez. **9** Dame un vaso de agua. **10** Déjame tu coche. **11** Deme su pasaporte.

5 1 Guarda la ropa limpia en el armario. **2** Pon la ropa sucia en la lavadora. **3** Haz la cama. **4** Coloca los libros en la estantería. **5** Saca los zapatos a la terraza.

C MI BARRIO ES TRANQUILO

1 1 a. **2** c. **3** b. **4** d.

2 (1) es, (2) es, (3) está, (4) Está, (5) es, (6) es, (7) es, (8) está.

3 1 corto, **2** lento, **3** bajo, **4** pequeño, **5** difícil, **6** tranquilo, **7** caro, **8** feo, **9** estrecho, **10** oscuro, **11** gordo.

4 1 es, **2** está, **4** es rubio, **5** es, **6** está al lado, **7** están, **9** están, **10** Está, **11** está, **12** está, **13** está, está, **14** está, **15** es, **16** está.

5 Tren: estación, b; avión: aeropuerto, a; barco: puerto, c; taxi: parada, d.

6 Actividad libre.

7 1 salsa, **2** flamenco, **3** tango, **4** ranchera.

8 (1) cultura, (2) ritmos, (3) salsa, (4) baila, (5) popular, (6) canciones, (7) cantantes.

9 1 F. **2** F. **3** V. **4** F.

SOLUCIONES

PRACTICA MÁS 3

1

P	E	H	U	E	V	O	R	Q
L	I	M	O	N	M	Y	P	U
A	G	U	H	C	E	L	O	E
T	O	M	A	T	E	B	L	S
A	P	A	T	A	T	A	L	O
N	A	R	A	N	J	A	O	Z
O	P	J	A	M	O	N	R	X

2 1 f. 2 a, c. 3 e. 4 d. 5 d, b. 6 c. 7 a. 8 b, c, d.

3 1 Pasear por la playa. 2 Ver la televisión. 3 Jugar al fútbol. 4 Esquiar. 5 Montar en bicicleta. 6 Escuchar música. 7 Navegar por internet. 8 Hacer fotografías. 9 Cuidar las plantas. 10 Bailar.

4 1 A Ana y a Raúl les gusta el cine. 2 A Ana le gusta ir de compras, pero a Raúl no. 3 A Ana no le gusta la música clásica, pero a Raúl sí. 4 A Ana no le gusta nadar, pero a Raúl sí. 5 A Ana y a Raúl les gusta leer. 6 A Ana no le gusta andar, pero a Raúl sí. 7 A Ana y a Raúl les gusta viajar. 8 A los dos les gusta bailar. 9 A Ana le gusta navegar por internet, pero a Raúl no. 10 A Ana y a Raúl no les gustan las motos. 11 A Ana no le gustan las plantas, pero a Raúl sí. 12 A Ana no le gusta el fútbol, pero a Raúl sí.

5 Regulares: terminar: termina; hablar: habla; abrir: abre; mirar: mira; pasar: pasa; coger: coge; tomar: toma; escribir: escribe; comer: come. **Irregulares:** venir: ven; hacer: haz; poner: pon; cerrar: cierra; dar: da; sentarse: siéntate; decir: di; volver: vuelve.

6 Yo vivo en una ciudad muy pequeña y silenciosa. Los edificios son muy antiguos y bajos. Las calles son estrechas y hay pocos coches. El piso donde vivo es grande, y el alquiler barato, porque está lejos del centro. Hay pocas tiendas, pero son baratas para mí.

7 1 es; 2 es, está; 3 son; 4 está; 5 es; 6 A. están, B. son; 7 A. estás; 8 está; 9 son; 10 está.

8 1 e. 2 h. 3 a. 4 b. 5 f. 6 g. 7 c. 8 d.

PROCESOS Y ESTRATEGIAS 3

1 1 es, 2 está, 3 tiene.

2 1 es, 2 tiene, 3 están, 4 está, 5 tiene, 6 tiene, 7 es, 8 tiene.

3 1 tráfico, 2 autobús, 3 tiendas, 4 cines, 5 colegio.

UNIDAD 7

A ¿DÓNDE QUEDAMOS?

1 1 María: ¿Por qué no vamos a tomar algo después de trabajar?
Ricardo: Lo siento, hoy no puedo, tengo que ir de compras con mi hermano. ¿Te parece bien mañana?
María: ¿A qué hora te viene bien?
Ricardo: ¿A las seis?
María: No, mejor a las seis y media.
Ricardo: De acuerdo. ¡Hasta mañana!
2 Daniel: ¿Vamos al cine esta noche?
Carmen: No puedo, lo siento. Voy a cenar con unos amigos.
Daniel: ¿Y si nos tomamos un café antes?
Carmen: Bueno, de acuerdo. ¿Vamos al Café Central?
Daniel: Estupendo. Nos vemos allí a las cinco.

2 Actividad libre.

3 1 V. 2 F. 3 F. 4 V. 5 V. 6 F.

4 1 f. 2 e. 3 a. 4 b. 5 c. 6 d.

B ¿QUÉ ESTÁS HACIENDO?

1 (1) vive, (2) está pasando, (3) están visitando, (4) están bañándose, (5) tiene, (6) le gusta, (7) están viendo, (8) cenan.

2 1 como; 2 Está haciendo; 3 lees; 4 hago; 5 no hablo; 6 tienes; 7 está durmiendo; 8 Está trabajando; 9 Está estudiando; 10 tomo, estoy celebrando, estamos tomando.

3 1 Me estoy preparando para un examen. 2 ¿Qué estás haciendo ahora? 3 Están comiendo un bocadillo 4 Estamos haciendo la cena. 5 Mi marido está trabajando. 6 Esta semana está lloviendo mucho. 7 Mis amigos están viendo una película. 8 Claudia y yo estamos trabajando en un nuevo proyecto. 9 Las niñas están bañándose en el cuarto de baño grande. 10 ¿Qué están haciendo los niños en su habitación?

4 1 María se está lavando la cara. 2 Luis se está afeitando. 3 Mi hermano se está duchando. 4 Me estoy peinando. 5 Susana y Rosa se están pintando los labios. 6 Miguel se está bañando. 7 Mi hijo se está peinando. 8 Él se está cepillando los dientes. 9 Mi madre se está secando el pelo en el cuarto de baño. 10 Mis hermanos se están vistiendo para ir al concierto. 11 Mis hijas se están maquillando en la habitación. 12 Los niños se están bañando en la piscina.

5 1 está pintando; 2 están jugando; 3 está mirando; 4 está descansando; 5 están viendo; 6 está saliendo.

C ¿CÓMO ES?

1 Velázquez: pelo largo, barba, pelo moreno, bigote, mayor, alto. **Infanta Margarita:** pelo largo, pelo rubio, joven. **Meninas:** pelo largo, pelo moreno, jóvenes.

2 1 F. 2 F. 3 F. 4 V. 5 V. 6 F. 7 F.

3 1 generoso, 2 callado, 3 antipático, 4 alegre, 5 maleducado, 6 aburrido.

4 1 F. 2 V. 3 V. 4 V. 5 F. 6 F.

UNIDAD 8

A POR FAVOR, ¿PARA IR A LA CATEDRAL?

1 1 e. 2 a. 3 c. 4 f. 5 d. 6 b.

2 1 B primera a la izquierda. 2 B la segunda a la derecha. 3 B la tercera calle a la izquierda y después la primera a la derecha.

3 1 A ¿Puede decirme cómo se va al parque? B Gire la primera a la derecha y después la segunda a la izquierda. 2 A ¿Puede decirme cómo se va al teatro? B Sí, la primera calle a la izquierda y después la primera a la derecha. 3 A ¿Puede decirme cómo se va al restaurante? B Sí, todo recto y después la tercera calle a la derecha.

4 1 en; 2 hasta, de; 3 a; 4 de; 5 en, a; 6 En, de; 7 al, de, de; 8 a; 9 por, de, hasta, al; 10 por, a; 11 para.

5 a 3. b 5. c 1. d 2. e 4.

B ¿QUÉ HIZO ROSA AYER?

1 fue / comer, comí / escuché, escuchó / leer, leyó / empecé, empezó / estar, estuvo / jugar, jugó / salí, salió / vivir, viví / nací, nació / trabajar, trabajé / viajar, viajó.

2 1 c (trabajo / empecé); 2 e (va / fue); 3 f (ve / escuchó); 4 b (van / jugaron); 5 d (llueve / nevó); 6 a (vamos / estuvimos).

3 (1) estuviste; (2) Fui; (3) comisteis; (4) pedimos; (5) pasasteis; (6) pasamos; (7) reímos; (8) Fue.

4 1 ¿A quién llamó por teléfono el jueves? A Tomás. 2 ¿Qué día tomó el tren? El viernes. 3 ¿A qué hora salió el tren? A las 11:30. 4 ¿De quién fue el sábado el cumpleaños? De María. 5 ¿A qué hora quedaron? A las 17:00. 6 ¿Con quién fue el domingo al cine? Con Tomás. 7 ¿Cuándo vio la nota del examen? El lunes. 8 ¿Adónde fue el martes? Al gimnasio.

C ¿QUÉ TIEMPO HACE HOY?

1 (1) estuve, (2) cogí, (3) avión, (4) río, (5) Después, (6) Más tarde, (7) salieron, (8) Finalmente, (9) hice, (10) despedí.

2 1 Siempre deseé conocer la selva. 2 Al día siguiente me fui a Iquitos. 3 En Iquitos vimos el río Amazonas. 4 En el Amazonas se pescan pirañas. 5 En la selva nos bañamos en el Amazonas. 6 En el pueblo de la selva conocí a un grupo de niños. 7 Me llevé un auténtico recuerdo del Amazonas. 8 Me hice fotos con los niños.

3 1 Ayer en México hizo calor y estuvo nublado. Hoy llueve. 2 Ayer en Argentina hizo frío. Hoy hace viento. 3 Ayer en Brasil estuvo nublado y llovió. Hoy hace frío y viento.

4 1 Unos 129 millones de habitantes. 2 7200 pesos. 3 Iberia y Aeroméxico. 4 Octubre, noviembre, diciembre, enero, febrero, marzo. 5 Las pirámides de Teotihuacán están en Ciudad de México y las pirámides mayas están en Chiapas. 6 Tienes que llevarte bañador para bañarte en las playas de Cancún.

PRACTICA MÁS 4

1 1 estoy viendo. 2 está estudiando. 3 estoy haciendo. 4 juegan; Están jugando. 5 está leyendo. 6 está haciendo. 7 Está durmiendo. 8 está duchándose.

2 (1) está comprando, (2) está hablando, (3) está preguntando, (4) está enseñando, (5) van, (6) comentan, (7) están, (8) le gusta.

3 1 V. 2 V. 3 F. 4 F. 5 V. 6 V.

4 (1) tocó, (2) celebró, (3) llamé, (4) gastó, (5) fui, (6) compré, (7) pasamos.

5 1 tacaño. 2 antipático/a. 3 serio/a. 4 maleducado. 5 habladora. 6 generosa. 7 simpático/a. 8 callado/a. 9 educado.

6 1 pelo corto, 2 ojos claros, 3 menor, 4 gordo, 5 alta, 6 pelo liso.

7 1 En Caracas hace calor. 2 En Lima está nublado. 3 En Santiago de Chile está nevando. 4 En Asunción hace frío. 5 En Brasilia hace viento. 6 En Bogotá no hace mucho calor.

8

A	M	A	R	Z	O	B	F	C	O
B	A	C	L	I	S	E	D	L	C
N	Y	Z	O	Q	B	A	A	M	T
A	O	R	T	R	A	N	G	J	U
B	P	V	E	N	E	R	O	U	B
R	S	R	I	T	F	U	S	N	R
I	O	S	V	E	X	N	T	I	E
L	N	P	R	D	M	P	O	O	T
D	I	C	I	E	M	B	R	E	F
S	E	P	T	I	E	M	B	R	E
U	A	C	J	U	L	I	O	E	H
N	O	V	I	E	M	B	R	E	O

PROCESOS Y ESTRATEGIAS 4

1 a 1 Oferta de ocio, 2 Economía, 4 Desarrollo personal, 7 Quedarse en casa.

b El ocio es muy importante para la economía, por eso cada vez hay más oferta de actividades de tiempo libre. Muchas de esas actividades se pueden hacer sin salir de casa gracias a la tecnología y, sobre todo, a internet.

Sin embargo, el ocio, originalmente, incluía más actividades para salir de casa y hacer cosas interesantes con los amigos o la familia. Ahora suele ser bastante más pasivo.

2 1 frecuencia, 2 actividades, 3 habitual, 4 estadística, 5 cantidad.

4 y **5** Actividad libre.

UNIDAD 9

A ¿CUÁNTO CUESTAN ESTOS ZAPATOS?

1 1 unos pendientes / sí / son baratos, están rebajados. 2 una falda / no / no le gusta. 3 una camiseta / no / es un regalo de su amiga.

2 Actividad libre.

3 1 ¿Tú lo traes? 2 ¿Tú las ves? 3 ¿Tú los compras? 4 ¿Tú la conoces? 5 ¿Tú lo lees? 6 ¿Tú lo usas? 7 ¿Tú lo utilizas?

4 1 me; 2 la; 3 los; 4 lo; 5 lo; 6 os; 7 te; 8 Nos, os; 9 las.

SOLUCIONES

B MI NOVIO LLEVA CORBATA

1

```
R W (J E R S E Y) P O
R P O Y N B N S A Z
E C V B E R T D N M
(A (S C A M I S E T A)
S O P B (F A L D A) N
I T V M S W C X L X
M A X (A B R I G O) M
A P X W E T R Y N U
(C A L C E T I N E S)
B Z B R E T G H S) M
```

2 1 monedero; 2 carpeta negra; 3 grises; 4 gafas rojas, modernas; 5 pelota amarilla; 6 azules; 7 rosa; 8 verdes; 9 bufanda naranja; 10 móvil negro.

3 1 caro; 2 moderno; 3 largo; 4 incómodo; 5 limpio; 6 estrecho; 7 claro; 8 pequeño.

4 1 gasta, 2 compras, 3 cómoda, 4 vaqueros, 5 zapatos, 6 elegante, 7 bonitos, 8 favorito.

C SANTIAGO DE CHILE Y SANTIAGO DE COMPOSTELA

1 1 Aquellos vaqueros son más baratos que estos. 2 Yo soy menor que Juanjo. 3 El coche de Miguel es mejor que el de Ramón. 4 La silla es más incómoda que el sillón. 5 El abrigo es más corto que la falda. 6 Nosotras tenemos más libros que ella. 7 Tu coche es más moderno que el mío.

2 1 Este, corto; 2 Esa, pequeña; 3 Esos, nuevos; 4 Aquellas, cansadas; 5 esta, roja; 6 este; 7 Estas, caras, aquellas, baratas; 8 Esos, largos, aquellos, cortos; 9 Estos, rebajados; 10 Ese, bonito, barato, caro, feo.

3 (1) mejor; (2) más; (3) menos; (4) más; (5) tan; (6) mayor.

4 Actividad libre.

5 1 transporte, 2 turistas, 3 barrio, 4 monumento, 5 ciudad, 6 economía, 7 internacionales.

UNIDAD 10

A LA SALUD

1 1 rodilla, 2 dedos, 3 mano, 4 brazo, 5 hombro, 6 cara, 7 ojo, 8 oreja, 9 pelo, 10 cuello, 11 pecho, 12 pierna, 13 pie.

2 1 dedos, 2 oreja, 3 cara, 4 pie, 5 ojos, 6 rodilla.

3 1 orejas, 2 bigote, 3 brazos, 4 dientes, 5 ojos, 6 manos, 7 dedos.

4 Maite: ¿Qué te pasa, Alfonso? ¿Te encuentras mal?
Alfonso: Sí, me duele mucho la espalda.
Maite: Vaya, eso es porque estás todo el día teletrabajando.
Alfonso: Sí, ahora estoy siempre en el ordenador y casi no salgo de casa.
Maite: Tienes que hacer un poco de ejercicio, pasear, salir más a la calle…
Alfonso: Ya, pero ahora me duele mucho, casi no puedo moverme.
Maite: ¿Por qué no te acuestas un rato y descansas?
Alfonso: Vale, creo que es lo mejor. Si mañana sigo igual, llamo al médico.

6 1 le duele, 2 les duele, 3 me duele, 4 le duelen, 5 te duele, 6 nos duelen, 7 os duelen, 8 le duele.

B ANTES SALÍAMOS CON LOS AMIGOS

1 1 d. trabajaba; 2 f. íbamos; 3 a. venía; 4 c. compraba; 5 e. me gustaba; 6 b. hacías.

2 1 vivíamos; 2 tenía, iba; 3 trabajaba; 4 tocaba; 5 eran, tocaban; 6 iba; 7 éramos, escalábamos; 8 tenía, leía; 9 existían.

3 (1) tenía, (2) vivíamos, (3) era, (4) había, (5) teníamos, (6) iba, (7) era, (8) atendía, (9) vivíamos, (10) tomábamos.

4 1 Tenía 90 años. 2 Vivían más tranquilos. 3 No tenían ni televisión ni radio. 4 En Trujillo. 5 Era barbero. 6 Comían muchos alimentos naturales, leche recién ordeñada y patatas recogidas del campo.

C VOY A TRABAJAR EN UN HOTEL

1 1 c. 2 b. 3 e. 4 a. 5 f. 6 d.

2 1 Juan va a lavar el coche. 2 Yo voy a llamar a mis amigos. 3 Ana va a cenar con Pedro. 4 María y Alberto van a pintar su casa. 5 Tomás y yo vamos a arreglar nuestras bicicletas. 6 ¿Vas a ir a la piscina? 7 ¿Vais a venir a comer? 8 ¿Tu hermano va a correr la maratón de Atenas? 9 Mis amigos no van a ver el partido en casa. Lo van a ver en un bar. 10 ¿Vas a hacer obra en la cocina?

3 (1) va a venir, (2) vamos a ver, (3) vamos a jugar, (4) puedo, (5) voy a lavar.

4 1 g. 2 c. 3 b. 4 a. 5 d. 6 e. 7 h. 8 j. 9 i. 10 f.

5 1 David va a hacer fotos a los leones. 2 Pedro va a volar sobre el Gran Cañón. 3 Alberto y Pablo van a pasear por la plaza Roja. 4 Yo voy a visitar las pirámides. 5 Tú vas a escuchar flamenco. 6 Mi novio y yo nos vamos a bañar en las playas de Copacabana. 7 Nosotros vamos a conocer las islas griegas. 8 Mis padres van a admirar la Gioconda. 9 Pablo y María van a conocer el Coliseo. 10 Tu amigo Pedro va a navegar por el Támesis.

6 1 F. 2 F. 3 V. 4 F. 5 V. 6 V.

PRACTICA MÁS 5

1 1 Dámelo; 2 Lo; 3 los; 4 Las; 5 Las; 6 La; 7 Los.

2 1 pequeño. 2 caro. 3 oscura. 4 sucia. 5 larga. 6 antiguo. 7 grande.

3 **1** que; **2** mejor; **3** tan; **4** menos; **5** que; **6** como; **7** mayor, menor; **8** peores; **9** peor; **10** menos; **11** mejores; **12** mejor; **13** mejor.

4 comía, decía; dibujabas, decías; dibujaba, comía; dibujábamos, comíamos, decíamos; dibujabais, comíais, decíais; dibujaban, comían, decían. // iba, era; ibas, eras; iba, era; íbamos; erais; iban, eran.

5 **1** vivían; **2** era, iba; **3** bebíamos; **4** tenían, salían; **5** íbamos; **6** conducía; **7** estábamos, montábamos; **8** venía, jugaba.

6 **2** ¿Cuándo van a ir Juanjo y sus amigos al gimnasio? Van a ir al gimnasio el martes y el jueves. **3** ¿Qué se va a comprar? Se va a comprar un coche nuevo. **4** ¿Con quién va a pasar las vacaciones? Va a pasar las vacaciones con Nieves y Lucía. **5** ¿Qué día va a organizar una fiesta? El día de su cumpleaños, el 28 de febrero. **6** ¿Dónde van a jugar Juanjo y Miguel al tenis? Van a jugar en la Casa de Campo. **7** ¿Dónde va a pasar la Semana Santa? Va a pasar la Semana Santa en Londres.

PROCESOS Y ESTRATEGIAS 5

¡Hola, John! ¿Qué tal?

Creo que puedo ayudarte a elegir un lugar donde estudiar español porque tengo unos folletos de varias escuelas:

El Centro de Idiomas San Martín, por ejemplo, tiene todos los niveles y es especialista en enseñanza a adultos. Puedes hacer una prueba de nivel antes de empezar. Las clases son todos los días y está en el centro, muy bien comunicado. Y lo mejor de todo es que hay cursos nuevos todos los meses, así no tienes que esperar. Puedes consultar la información en escuelasanmartin.es.

También hay otro que parece muy profesional, se llama Habla español. Es interesante porque tiene Certificados Oficiales del Instituto Cervantes y hay muchas ofertas de cursos, pero todos son online, para estudiar desde tu casa, no sé si eso te interesa. Su web es hablaespañol.es.

¿Qué opinas? Seguro que hay una escuela buena para ti. Escríbeme si necesitas más ayuda.

Un saludo.

VÍDEOS

VÍDEO 1
HOLA, ¿QUÉ TAL?

1 **Nombre**: Carmen, Eva, Javier, Juan, Lucía, Paulina. **Ciudad**: Barcelona, Cuernavaca, León, Ponferrada, Valladolid. **Nacionalidad**: española, mexicana. **Profesión**: abogada, médico, profesor. **Estudios**: Comunicación Audiovisual, Empresariales. **Relación personal**: amigo, hermanos, hija, madre, marido.

3 **1** B. **2** A. **3** C. **4** A. **5** C. **6** B. **7** A. **8** B. **9** C. **10** B. **11** A. **12** C.

4 **1** Lucía; **2** 22 años; **3** Empresariales; **4** Barcelona; **5** Paulina; **6** 21 años; **7** Cuernavaca, Ponferrada. **8** Javier; **9** 25 años; **10** médico.

5 De Ponferrada.

VÍDEO 2
MI FAMILIA

1 **1** padre, **2** hijo, **3** tío, **4** abuelo, **5** hermanos, **6** primos, **7** marido.

2 **1** madre, **2** hija, **3** tía, **4** abuela, **5** hermanas, **6** primas, **7** mujer.

3 **1** Verdadero, **2** Falso, **3** Falso, **4** Verdadero, **5** Verdadero, **6** Falso, **7** Falso, **8** Verdadero, **9** Verdadero, **10** Falso, **11** Verdadero, **12** Falso.

4 **1** Frase 2: Juan tiene 47 años. **2** Frase 3: El padre de Eva tiene dos hermanos. **3** Frase 6: María es la tía de Eva. / María es la mujer de su tío Paco. **4** Frase 7: Eva tiene dos primos. **5** Frase 10: Pepe es el abuelo de Eva. **6** Frase 12: Pepe tiene 76 años.

VÍDEO 3
MI RUTINA

2 **1** A las siete, **2** A las siete y media, **3** A las ocho, **4** A las nueve, **5** A las cuatro y media, **6** A las siete menos diez, **7** A las nueve, **8** A las once.

3 **1** un café con leche, un zumo de naranja y una tostada con tomate y aceite. **2** en autobús. **3** tengo clase. **4** como con mis compañeros. **5** estudio un rato en la biblioteca. **6** en autobús. **7** para escribir *e-mails* o estudiar y buscar información. **8** cenamos pronto. Después de cenar.

VÍDEO 4
UNA CASA ESPECIAL

1 **Dormitorio**: alfombra, cojines, espejo, sillas, televisión, lámpara. **Salón-comedor**: alfombra, chimenea, cojines, espejo, equipo de música, lámpara, librería, mesa, macetas, sillas, sillón, sofá, televisión. **Cocina**: cocina, fregadero, horno, lavavajillas, lavadora, microondas, nevera, mesa, sillas, televisión, vitrocerámica, macetas. **Cuarto de baño**: bañera, espejo, lavabo. **Jardín**: cojines, mesa, sillas, macetas, piscina.

2 de arriba abajo: buhardilla, primera planta, balcón, planta baja, jardín.

3 **PRIMER PISO**: bañera, camas, fregadero, mesa, sillas. **SEGUNDO PISO**: alfombra, cama, lámpara. **PLANTA BAJA**: chimenea, horno, librería, nevera. **JARDÍN**: maceta, mesa.

4 **1** b. **2** b. **3** a. **4** b,. **5** a. **6** b. **7** a.

VÍDEO 5
MI RECETA DE GAZPACHO

1 **1** aceite, **2** vinagre, **3** sal, **4** aguacate, **5** arroz, **6** tomates, **7** cebollas, **8** patatas, **9** piña, **10** pepino, **11** huevos, **12** pimientos, **13** pescado, **14** pan, **15** ajo.

3 aceite / vinagre / sal / tomates / cebollas / pepino / pimientos / pan / ajo.

4 Un cuchillo y una batidora.

SOLUCIONES

5 Un kilo de tomates. / Un pepino. / Un pimiento pequeño. / Media cebolla. / Un diente de ajo. / Un poco de pan. / Medio vaso de aceite. / Dos cucharadas de vinagre. / Un poco de sal.

6 **1** f. **2** a. **3** g. **4** c. **5** h. **6** e. **7** b. **8** d.

7 Azúcar en lugar de sal.

8 **Pelar:** cebolla / piña / aguacate / patatas / ajos / pepinos / tomates. **Cortar:** pan / cebolla / piña / aguacate / patatas / ajos / pepinos / tomates / pescado / carne. **Batir:** huevos / leche.

VÍDEO 6
UN PASEO POR MI CIUDAD.

2 **1** torre, **2** muralla, **3** castillo, **4** basílica.

3 **1** c. **2** d. **3** f. **4** e. **5** a. **6** b. **7** h. **8** g. **9** i.

4 **1** a. **2** c, **3** b. **4** f. **5** e. **6** d.

VÍDEO 7
UN CHICO MUY SIMPÁTICO

3 **1** Lucía, **2** Eva, **3** Lucía.

4 **1** corto y liso, **2** moreno y alto, **3** No lleva.

5 **3** Va a pedirle el teléfono.

6 Lucía no propone nada porque llega la novia del chico. Al final solo le pregunta la hora.

VÍDEO 8
¿QUÉ HICISTE AYER?

3 **1** Hace buen tiempo. / Hace sol. **2** Es primavera. **3** Son las once de la mañana. **4** Va a desayunar. **5** Sábado o domingo.

4 **1** g. **2** a. **3** d. **4** b. **5** f. No lo hizo o no habla de ello: **c e y h.**

5 **1** a. **2** b. **3** b. **4** a. **5** a. **6** b.

VÍDEO 9
¿QUÉ METO EN LA MALETA?

1 **1** traje **2** vaqueros **3** pantalones cortos **4** vestido **5** camiseta de tirantes **6** camisa de rayas **7** cazadora **8** chaqueta **9** bañador **10** bikini **11** bermudas **12** sombrero **13** chanclas **14** sandalias **15** zapatos **16** playeras.

3 **1** C. **2** B. **3** A. **4** A. **5** A. **6** B. **7** (ninguno). **8** A. **9** A. **10** A. **11** C. **12** B. **13** A. **14** A. **15** A. **16** A. **17** (ninguno).

4 **1** cómodos **2** más modernos **3** muy elegante **4** (muy / demasiado) pequeña **5** de invierno **6** demasiado elegante **7** más fresca que la de manga corta **8** más veraniega (= más de verano).

VÍDEO 10
ME ENCUENTRO FATAL

1 **1** f. **2** h. **3** d. **4** g. **5** a. **6** b. **7** c. **8** e.

2 **1** Por la mañana (hay restos del desayuno; Eva está en pijama). **2** Está viendo la tele, está sentada. **3** No se encuentra bien, parece que le duele la garganta y la espalda y tiene frío.

3 **1** a, **2** todas son correctas, **3** a y b, **4** a y c.

4 Recoger el desayuno. Tiene que comprar: En el supermercado: leche y café. En el mercado: naranjas, peras, manzanas, pescado y verduras. En la farmacia: algo para la garganta.

VOCABULARIO

ABREVIATURAS
adj. = adjetivo
adv. = adverbio
conj. = conjunción
prep. = preposición
pron. = pronombre
n. m. = nombre masculino
n. f. = nombre femenino
v. = verbo
v. r. = verbo reflexivo
sg. = singular
pl. = plural

Repasa las palabras más importantes de cada unidad y tradúcelas a tu idioma.

UNIDAD 0

abrir (v.) ....
alumno/a (n.) ....
bolígrafo (n. m.) ....
buenas noches ....
buenas tardes ....
buenos días ....
compañero/a (n.) ....
completar (v.) ....
cuaderno (n. m.) ....
diccionario (n. m.) ....
empezar (v.) ....
escribir (v.) ....
escuchar (v.) ....
estudiante (n.) ....
estudiar (v.) ....
hablar (v.) ....
hola ....
lápiz (n. m.) ....
leer (v.) ....
libro (v.) ....
llamarse (v. r.) ....
mirar (v.) ....
muy bien ....
palabra (n. f.) ....
practicar (v.) ....
preguntar (v.) ....
profesor/a (n.) ....
repetir (v.) ....
responder (v.) ....
ser (v.) ....
y (conj.) ....

UNIDAD 1

actriz (n. f.) ....
amo/a de casa (n.) ....
bailar (v.) ....
cafetería (n. f.) ....
calle (n. f.) ....
camarero/a (n.) ....
cantante (n.) ....
cartero/a (n.) ....
casado/a (adj.) ....
ciclista (n.) ....
clase (n. f.) ....
comer (v.) ....
conocer (v.) ....
de (prep.) ....
dedicarse (v. r.) ....
dirección (n. f.) ....
en (prep.) ....
encantado/a (adj.) ....

escritor/a (n.) ....
escuela (n. f.) ....
este/esta (pron.) ....
flamenco (n. m.) ....
frase (n. f.) ....
futbolista (n.) ....
gimnasio (n. m.) ....
gracias (n. f. pl.) ....
hospital (n. m.) ....
instituto (n. m.) ....
jugar (v.) ....
médico/a (n.) ....
ministro/a (n.) ....
mucho gusto ....
novio/a (n.) ....
nuevo/a (adj.) ....
número (n. m.) ....
peluquero/a (n.) ....
pero (conj.) ....
policía (n.) ....
presentar (v.) ....
presidente/a (n.) ....
restaurante (n. m.) ....
secretario/a (n.) ....
soltero/a (adj.) ....
taxista (n.) ....
teléfono (n. m.) ....
tener (v.) ....
torero/a (n.) ....
trabajar (v.) ....
urgencias (n. f. pl.) ....
vivir (v.) ....

UNIDAD 2

abuelo/a (n.) ....
amigo/a (n.) ....
año (n. m.) ....
banco (n. m.) ....
casa (n. f) ....
cenar (v.) ....
chico/a (n.) ....
coche (n. m.) ....
cuadro (n. m.) ....
cuánto/a/os/as (pron.) ....
debajo (adv.) ....
delante (adv.) ....
detrás (adv.) ....
dibujar (v.) ....
encima (adv.) ....
entre (prep.) ....
familia (n. f.) ....
foto (n. f.) ....
gafas (n. f. pl.) ....

gato/a (n.) ....
gente (n. f.) ....
guitarra (n. f.) ....
hacer (v.) ....
hermano/a (n.) ....
hijo/a (n.) ....
hora (n. f.) ....
horario (n. m.) ....
hotel (n. m.) ....
madre (n. f.) ....
mapa (n. m.) ....
más (adv.) ....
mesa (n. f.) ....
mi/mis (adj.) ....
minuto (n. m.) ....
mujer (n. f.) ....
ordenador (n. m.) ....
padre (n. m.) ....
país (n. m.) ....
paraguas (n. m. sg.) ....
pequeño/a (adj.) ....
por (prep.) ....
primo/a (n.) ....
reloj (n. m.) ....
segundo (adj.) ....
semana (n. f.) ....
silla (n. f.) ....
sofá (n. m.) ....
tarde (n. f.) ....
televisión (n. f.) ....
tienda (n. f.) ....
tío/a (n.) ....
tu/tus (adj.) ....
ventana (n. f.) ....
zapatilla (n. f.) ....

UNIDAD 3

acostarse (v. r.) ....
afeitarse (v. r.) ....
alguno/a (pron.) ....
asignatura (n. f.) ....
autobús (n. m.) ....
azafata (n. f.) ....
baile (n. m.) ....
ballet (n. m.) ....
beber (v.) ....
bombero/a (n.) ....
bueno/a (adj.) ....
café (n. m.) ....
casarse (v. r.) ....
cocinero/a (n.) ....
colegio (n. m.) ....
comida (n. f.) ....

VOCABULARIO

dependiente/a (n.) ....
desayunar (v.) ....
desde (prep.) ....
desear (v.) ....
después (adv.) ....
domingo (n. m.) ....
dormir (v.) ....
ducharse (v. r.) ....
edad (n. f.) ....
enfermero/a (n.) ....
entrar (v.) ....
fiesta (n. f.) ....
gustar (v.) ....
hasta (prep.) ....
huevo (n. m.) ....
ir (v.) ....
jueves (n. m.) ....
leche (n. f.) ....
levantarse (v.) ....
lunes (n. m.) ....
madrugada (n. f.) ....
magdalena (n. f.) ....
mantequilla (n. f.) ....
mañana (n. f.) ....
martes (n. m.) ....
menos (adv.) ....
mermelada (n. f.) ....
miércoles (n. m.) ....
naranja (n. f.) ....
queso (n. m.) ....
sábado (n. m.) ....
semana (n. f.) ....
siempre (adv.) ....
también (adv.) ....
té (n. m.) ....
temprano (adv.) ....
terminar (v.) ....
todo/a (adj.) ....
tomar (v.) ....
tomate (n. m.) ....
tostada (n. f.) ....
tren (n. m.) ....
vacaciones (n. f. pl.) ....
vecino/a (n.) ....
ver (v.) ....
viernes (n. m.) ....
volver (v.) ....
zumo (n. m.) ....

UNIDAD 4

aparcar (v.) ....
armario (n. m.) ....
arriba (adv.) ....
ascensor (n. m.) ....
bajo/a (adj.) ....
bañera (n. f.) ....
baño (n. m.) ....
chalé (n. m.) ....
cine (n. m.) ....
ciudad (n. f.) ....

cocina (n. f.) ....
comedor (n. m.) ....
cuarto (n. m.) ....
derecha (n. f.) ....
doble (adj.) ....
dormitorio (n. m.) ....
espejo (n. m.) ....
fin de semana (n. m.) ....
frigorífico (n. m.) ....
garaje (n. m.) ....
grande (adj.) ....
habitación (n. f.) ....
hay (v. haber) ....
izquierda (n. f.) ....
jardín (n. m.) ....
lámpara (n. f.) ....
lavabo (n. m.) ....
llave (n. f.) ....
microondas (n. m. sg.) ....
nevera (n. f.) ....
patio (n. m.) ....
piscina (n. f.) ....
plano (n. m.) ....
planta (n. f.) ....
salón (n. m.) ....
sillón (n. m.) ....
simpático/a (adj.) ....
supermercado (n. m.) ....
tarjeta de crédito (n. f.) ....

UNIDAD 5

agua (n. f.) ....
andar (v.) ....
animal (n. m.) ....
arroz (n. m.) ....
azúcar (n.) ....
bicicleta (n. f.) ....
caminar (v.) ....
carne (n. f.) ....
carta (n. f.) ....
cerveza (n. f.) ....
chuleta (n. f.) ....
cine (n. m.) ....
comedia (n. f.) ....
cordero (n. m.) ....
deporte (n. m.) ....
discoteca (n. f.) ....
ensalada (n. f.) ....
flan (n. m.) ....
fruta (n. f.) ....
fútbol (n. m.) ....
gazpacho (n. m.) ....
hielo (n. m.) ....
jamón (n. m.) ....
judías verdes (n. f. pl.) ....
limón (n. m.) ....
merluza (n. f.) ....
montar (v.) ....
música (n. f.) ....
nadar (v.) ....

partido (n. m.) ....
patata (n. f.) ....
plátano (n. m.) ....
plato (n. m.) ....
playa (n. f.) ....
película (n. f.) ....
pescado (n. m.) ....
pollo (n. m.) ....
postre (n. m.) ....
receta (n. f.) ....
sopa (n. f.) ....
ternera (n. f.) ....
tortilla (n. f.) ....
viajar (v.) ....
vino (n. m.) ....

UNIDAD 6

alquilar (v.) ....
antes (adv.) ....
apagar (v.) ....
aquí (adv.) ....
barrio (n. m.) ....
billete (n. m.) ....
cambiar (v.) ....
céntrico (adj.) ....
cerca (adv.) ....
coger (v.) ....
comunicado (adj.) ....
dato (n. m.) ....
deberes (n. m. pl.) ....
encender (v.) ....
enfrente (adv.) ....
enseguida (adv.) ....
estación (n. f.) ....
extraño/a (adj.) ....
frío (adj.) ....
informe (n. m.) ....
lejos (adv.) ....
lento (adj.) ....
línea (n. f.) ....
mal (adv.) ....
malo (adj.) ....
metro (n. m.) ....
necesitar (v.) ....
nota (n. f.) ....
parada (n. f.) ....
perdonar (v.) ....
plaza (n. f.) ....
poder (v.) ....
preparar (v.) ....
prestar (v.) ....
rápido/a (adj.) ....
recto/a (adj.) ....
reunión (n. f.) ....
ruido (n. m.) ....
ruidoso/a (adj.) ....
seguir (v.) ....
sencillo/a (adj.) ....
sentarse (v. r.) ....
taxi (n. m.) ....

tomar (v.) ....
torcer (v.) ....
tranquilo/a (adj.) ....
vale ....

UNIDAD 7

alegre (adj.) ....
amarillo/a (adj.) ....
antipático (adj.) ....
azul (adj.) ....
bañador (n. m.) ....
barba (n. f.) ....
bigote (n. m.) ....
blanco/a (adj.) ....
cabeza (n. f.) ....
callado/a (adj.) ....
calvo/a (adj.) ....
claro/a (adj.) ....
conmigo ....
corto/a (adj.) ....
de acuerdo ....
dejar (v.) ....
delgado/a (adj.) ....
dígame (v.) ....
educado/a (adj.) ....
estupendo/a (adj.) ....
generoso/a (adj.) ....
gordo/a (adj.) ....
hablador/a (adj.) ....
largo/a (adj.) ....
lavarse (v. r.) ....
lo siento ....
mejor (adj.) ....
momento (n. m.) ....
moreno/a (adj.) ....
ojo (n. m.) ....
oscuro/a (adj.) ....
peinarse (v. r.) ....
pelo (n. m.) ....
pelota (n. f.) ....
periódico (n. m.) ....
piel (n. f.) ....
puerta (n. f.) ....
quedar (v.) ....
recado (n. m.) ....
rojo/a (adj.) ....
rubio/a (adj.) ....
secarse (v. r.) ....
señor/a (n.) ....
simpático/a (adj.) ....
sol (n. m.) ....
sombrero (n. m.) ....
sombrilla (n. m.) ....
toalla (n. f.) ....
tumbona (n. f.) ....
último/a (adj.) ....
venga ....
verde (adj.) ....

UNIDAD 8

acabar (v.) ....
así es ....
atender (v.) ....
ayer (adv.) ....
calor (n. m.) ....
cansado/a (adj.) ....
concierto (n. m.) ....
correos (n. m.) ....
cumpleaños (n. m. sg.) ....
diferente (adj.) ....
encontrar(se) (v.) ....
enfermo/a (adj.) ....
farmacia (n. f.) ....
final (n. m.) ....
girar (v.) ....
iglesia (n. f.) ....
invierno (n. m.) ....
llegar (v.) ....
llover (v.) ....
nevar (v.) ....
nublado (adj.) ....
otoño (n. m.) ....
primavera (n. f.) ....
tiempo (n. m.) ....
verano (n. m.) ....
viento (n. m.) ....
visitar (v.) ....

UNIDAD 9

aburrido/a (adj.) ....
ancho/a (adj.) ....
anillo (n. m.) ....
antiguo/a (n. m.) ....
ayudar (v.) ....
barato/a (adj.) ....
bolso (n. m.) ....
camisa (n. f.) ....
camiseta (n. f.) ....
caro/a (adj.) ....
chaqueta (n. f.) ....
cliente/a (n.) ....
collar (n. m.) ....
conocer (v.) ....
contaminado/a (adj.) ....
corbata (n. f.) ....
costar (v.) ....
divertido/a (adj.) ....
efectivo (adj.) ....
estrecho/a (adj.) ....
estresante (adj.) ....
falda (n. f.) ....
habitante (n. m.) ....
limpio/a (adj.) ....
llevar (v.) ....
marrón (adj.) ....
mayor (adj.) ....
medias (n. f. pl.) ....

menor (adj.) ....
moderno/a (adj.) ....
montaña (n. f.) ....
morado/a (adj.) ....
negro/a (adj.) ....
pantalones (n. m. pl.) ....
pendientes (n. m. pl.) ....
peor (adj.) ....
playeras (n. f. pl.) ....
precioso/a (adj.) ....
rebajado/a (adj.) ....
rico/a (adj.) ....
ropa (n .f.) ....
rosa (adj.) ....
seguro/a (adj.) ....
sucio/a (adj.) ....
tienda (n. f.) ....
vaqueros (n. m. pl.) ....
zapato (n. m.) ....

UNIDAD 10

aconsejar (v.) ....
ahorrar (v.) ....
aspirina (n. f.) ....
autocar (n. m.) ....
brazo (n. m.) ....
cabeza (n. f.) ....
campo (n. m.) ....
cara (n. f.) ....
cuello (n. m.) ....
de repente ....
dedo (n. m.) ....
dentista (n.) ....
descansar (v.) ....
doler (v.) ....
entrenar (v.) ....
espalda (n. f.) ....
estómago (n. m.) ....
feliz (adj.) ....
fiebre (n. f.) ....
garganta (n. f.) ....
gripe (n. f.) ....
hombro (n. m.) ....
jugador/a (n.) ....
mano (n. f.) ....
mejorar (v.) ....
mercadillo (n .m.) ....
miel (n. f.) ....
muela (n. f.) ....
oído (n. m.) ....
oreja (n. f.) ....
pecho (n. m.) ....
pie (n. m.) ....
pierna (n. f.) ....
plan (n. m.) ....
rodilla (n. f.) ....
social (adj.) ....
vida (n. f.) ....
vuelta (n. f.) ....

Notas

Notas